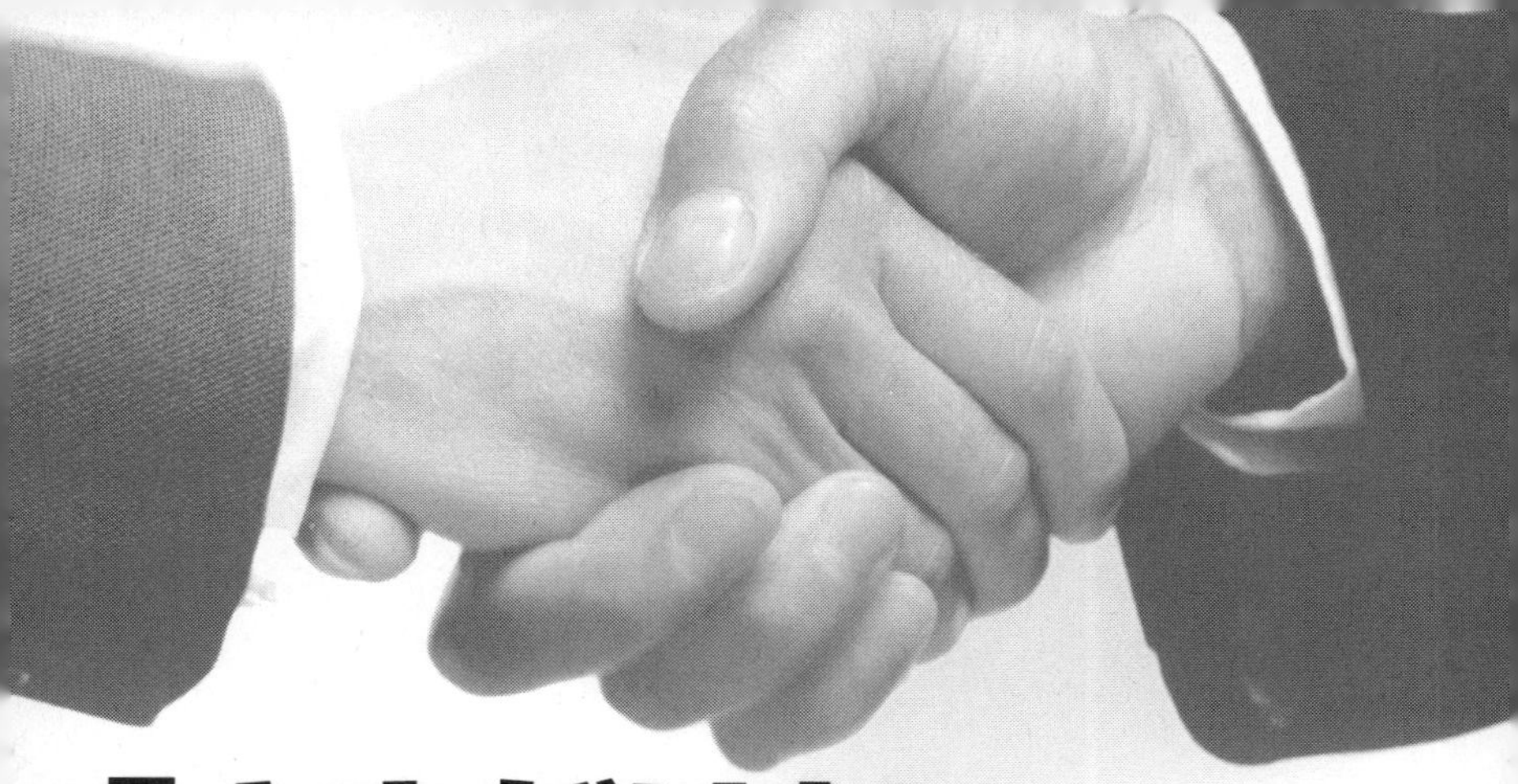

「さきがけ」よ甦えれ

日本再生…〔共生〕…への道

久保 悟◎著

文芸社

序

平成十年一月に『日本再生への序論』をまとめて、共生文化研究所から出版しましたが、その後二年も経たないうちに日本の内外情勢はめまぐるしく混迷の度を加えて参りました。この勢いの激しさは正に幕末維新前のそれを思い起こさせるものであり、変革の深さと広さは全人類を巻き込んでグローバル化しつつあります。

このことから、前著の『日本再生への序論』から一歩を進め、遠い未来のこともさることながら、一日も早く混迷を収拾し、日本再生の手だてを明らかにすることが急務であるという思いに駆られて参りました。そこで、前著の中の思想、哲学問題はできるだけ簡潔にまとめ、その分を共同憲法の制定をはじめとして、具体的な政策制度についてできるだけ分かりやすく述べることにしました。

基本的な拠り所は前著と全く同じく「共生の理念」に基づく「共同（社会）国家」の建設にありますが、それを担い得るのは、新生「さきがけ」であるということであり、これが前著から一歩踏み出した点であります。いいかえれば「さきがけ」からの発信ということにもなるわけであります。

おおよその内容は、

第一部　思想としての「共生の理念」
第二部　共生の理念に基づく〔共同国家〕論
第三部　政治の変革にさきがけて〔政界再編〕論

という順序でありますが、このリポートが呼び水になって、日本再生への道が着実に実現することを望む次第であります。

共生文化研究所代表　久保　悟

「さきがけ」よ甦えれ　日本再生…〔共生〕…への道

目次

第二部　共生の理念に基づく〔共同国家〕論

第三章

第一部　思想としての「共生の理念」

第一章　今、なぜ「共生」か

◎現代社会の行き詰まり

二十一世紀になったら人類の生活はどうなるのだろうかと、世紀末の今に、困惑と不安を感じている人々は少なくないであろう。しかも、戦後の窮乏の中から立ち上がって、五十年間もよく働き、今や世界でも稀な豊かで平和な生活を築いてきた日本人にこそ、その感慨は深いのではないか。各種世論調査を見ても、今は満足だが将来が不安だという感じ方がよく出ているのが何よりの証拠である。

世紀末になって、この豊かさ、安らかさが徐々におかしくなりつつあると気付いてきたということは、とりも直さず、現代人が現代社会に対して心から満足しているのではないということであり、延《ひ》いては未来の生活に対する漠然たる不安感であるということに直結するわけである。

この項を、「現代社会の行き詰まり」と題したのはこのことを指しているのであって、具体的な事実は何万か何百万かとても挙げることができない。一部の事件を見ても、根の深さを思うと正に肌に粟を生ずる凄さがある。

貧しくとも希望に満ちたりた過去と、豪華であっても空しい現在の豊かさ、世代間の余りにも激しい価値観の断絶、互いに支え合うことを失った孤独さ……。動物的本能を丸出しにして至るところで自己主張する姿は、どう考えても「進歩した人間」の姿には見えないのは私だけの偏見であろうか。オウム真理教の台頭や神戸の少年殺人事件等の諸々の類似したおどろおどろしい社会現象は、決して故なくして突然生まれたものではない。もうこれ以上のことを挙げることを止めよう。

◎なぜこうなったのか

何よりも先ず、事は経済、政治だけでなくこの混迷の根は「人類の運命を人類自身が切り拓くことができるか」ということ、つまり「文明論的抜本変革」を迫られていることに人類自身が目醒めることにかかっていることである。これを私は「共生」からの視点に立って見ることと位置づけている。

二十世紀に君臨していた思想（世界観、人生観）や政治、経済、社会の枠組みを形成しているのは紛れもなく「西洋近代の思想」である。

西洋近代の思想と生活の枠組は、古く遡れば古代ギリシャのポリス社会に端を発し十五世紀のルネサンスで再興し、啓蒙思想を経て十八世紀の産業革命（科学技術による経済革命）とアメリカ、フランスの市民革命によって確立されたものである。

それ以後西洋近代思想と社会体制が、僅か二百年余りで全世界を席巻してしまったが、これを可能にしたキーワードは「合理主義」であり、ここから巣立って現代人の、疑うべからざる信仰にまで祭り上げられたのが、いわゆる「進歩主義」である。

進歩主義は人々に「人間こそこの地上で最も進歩した生き物である」という自信を与えるようになった。このことを証拠づけたのが自然科学の爆発的な進歩であり、これが人間特有の技術的能力と結びついて、地上の王者になりえた唯一の理由に外ならない。こうして進歩主義は地球の果てから宇宙まで、内にはミクロの世界から人間の生命支配にまで手を延ばし、遂にエターナル・コンクエスト（無限征服）の夢に駆られるようになった。進歩主義への現代人の信頼はちょうど、五百年前のコペルニクスによって覆された、カトリック信仰の「天動説」そっくりの「進歩天動説」と言っても過言ではないだろう。人類史のサイクルの中で、人類を急激に爆発させた進歩主義に対する反動のスピードとスケールは、正に我々の予測を越えて拡がりつつあることに着目しなければならない。

翻って、進歩思想から軽蔑の的になったのは、《人民を苦しめる》インドや中国などの東洋的封建社会であり、日本もその例外ではなかった。……ウィットフォーゲル（中国研究家。一八九六～一九八八）・解体過程にある支那（中国）の経済と社会……。こうして世界は西欧の支配下に入っていく。

日本は何とか植民地化を免れ、「和魂洋才・富国強兵」のスローガンの下、天皇制中央集権国家体制を取り、産軍一体の大発展を遂げた。以後五十年余りで第一次大戦の戦勝国になってから大日本帝国の繁栄と動揺を経て、軍事大国化、中国侵略の結末が第二次大戦の敗戦となった九十年間の近代史は今、生々しい教訓として日本国民の目の前にある。

敗戦後の半世紀余りの歩みは見ての通りであり、この時期に育った六十歳以下の国民は今や八〇パーセントになろうとしている。この世代の人の思想は典型的な合理主義、進歩主義の教育を植えつけられ、社会体制はすべて民主主義が究極のものとして信奉されてきた。国の指導者達もそうであったし、これからもそうでありたいと思っている。それなのにこれらの繁栄と願望は打ち砕かれつつある。

この基本的な時代感覚が真実であるとすれば、これを癒す特効薬はあるのか。これに代る希望の選択肢＝オルターナティブ＝はあるのだろうか。

第二章　共生の夜明け

オルターナティブの諸相

第一節　理論、評論、アジアの声から（未だ少数派だが）

汎濫、迷走する世紀末の議論の中で、現代思想と社会に真向から立ち向う勢いが、日に月に盛んになっている。その勢いは既に第二次大戦中から何十年間もたゆみなく生長してきた主張であり、私が「共生」という価値観に辿りつく以前からの黎明の鐘々であった。これらの先覚的文明論は、唯物論や実存主義という哲学的なものとか、社会主義とか自由主義とかのイデオロギーの優劣を論じたものを越えて、もっと深い広汎な近代主義への疑問であり、転換の議論である。**私は今これを「共生」への夜明けと捉え、素直に、必然的な流れに身を置いて俯瞰できる悦びに浸っている。**

◎　協同体論（共同体論）の系譜

ここに私にとって忘れ得ない貴重な一冊の蔵書がある。『協同史観への志向』（神谷茂著

昭和十五年（一九四〇年）五月発行〕

当時日本は日中戦争が泥沼化した挙句に、第二次世界大戦に突入する一年前であるが、この本を私が入手したのは開戦直後のことである。この書の裏書きに「昭和十六年十月中旬、西荻窪の一書店にて偶然見参して……先ず清新溌剌目を奪う。かくも我求めたるを満たせし書、他に幾何ぞ……十月二十二日読了。」とある。丁度十二月一日学徒出陣の直前であった。その後シベリア抑留中及び帰国後の進歩主義（民主化）とその反対の国粋主義へ嫌悪感の間に揺れながら既に五十年を経た。

この書の著者である神谷茂氏は多分共産主義者で投獄され、転向したのではないかと覚えている。この書の序文に弁証法的論法を使って「……しかもその破滅に身を投ずる瞬間、苦悩の中から再び勝利の喜びを感ずるのである。破滅だと信じていたのが、実は無限に通ずる新しき発足であったのである。」と述懐していることからも窺い知ることができる。

当時は一般学生の間で自由主義の甘い残香を湛えていた河合栄治郎の学生叢書なども次々に発行禁止になり、戦争遂行を鼓舞する思潮で塗り潰されてきた〔不自由の極限〕時代でもあった。こんな中で、時代を代表する思想がこの書の中に凝縮されていると思われるので、今の平和で自由な時代の若い人に紹介するのもあながち無駄ではなかろう。

彼の協同主義はそのめざすところにおいて私の「共生」と同じだが、入り口と到着点において決定的な違いがある。（協同と共生という言葉の違いはここでは軽く考えてもよい。）まず入り口では、当時の我が国では西欧近代思想の代表としての現在のアメリカ的価値観に無縁であり、敵であった。戦後五十年間、アメリカにどっぷり浸ってその恩恵を受けて今日の経済的繁栄を享受し、またその上で経済の無限開発が行き詰まっている今日とは、その背景は全く反対であると共に、広がりにおいても格段の差があることである。

第二は、当時の戦争中という制約の中で、その体制に逆らうことができなかったために、純粋であるべき思想がいきなり「我が国三千年の光輝ある民族精神（皇室中心の祭政一致、忠孝一本の民族協同体制等々）は、その正当性を論証させられるであろう。」というふうに歪められていることである。

このことから、この協同主義は、結局戦争への讃美という惨めな結果に終わってしまった。この系譜には外に、船山信一の「協同主義」がある。民主主義の洗礼を受けた現代の、「思想の勇者」達から見れば中途半端に終わったこの思想も、敗戦後の民主的価値観によって葬り去られてしまった。それにもかかわらずこの思想の純粋な視点は、今日といえども一度立ち止まって省みるに値するものとして評価することを避けてはならない。

◎ 現代における「思想の勇者」たち

戦後五十余年の思想と社会の歩みを経て、今のままで推移すれば、日本は衰亡する、あるいは人類に未来はないと警告する先見的発言が、あらゆる分野から上っているということは前に述べた。

これらの警告は、その数、出発点、論旨、結論等々、実に多彩であるが、何れの観点も大本においては大差はないといえる。この中から極く少数ながら私が構築しようとする「共生」の夜明けを告げる先覚者達の声について考えてみようと思う。

最初に極めつけの表題を掲げた二冊がある。渡辺勝一『民主主義は究極の制度か＝もうこの「神話」に頼ることは許されない！＝』

内容は簡単にいうと、〔民主主義システムは普通考えられているように神聖なものでも理想的なものでもなく「社会は契約によって成り立つ」という合理主義を、一部の市民達が力ずくで作り上げたシステムで、銃によって平和を実現し、世界を席巻したが、二百年余りを経た今日ではその理念の力（規範力）においても制度としての安定性においても、オウム真理教一つのことも解決できない程衰えている。アメリカの社会がその反面教師であり、これに対する造反有理＝少数のプロテスト（反論）がもう始まっている。それは、哲学、科学、経済などの切実な分野から「ノー」という形で燎原の火のように広がっており、政治だけの狭い分野だけでは見えないし、また政治の面が最もおくれている。（哲学的にはミシェル・フーコーの主張のように「人間はいかなる意味でも純粋な主体ではない」という考えに立ち直らなければならない。）

大雑把に言うと右の様な趣旨に解釈して大過なかろうと思う。

渡辺勝一氏は戦後の一九五五年生れで、一九七〇年代に大学を出て報道記者になり、三十代で退職し『人類の展望と理性の扉』という長編の論文をまとめ、そのうちの「政治＝民主主義」のことだけを抜き書きしてこの本にしたと、あとがきに述べている。そして現代は、文明論者として隠れもない「思想の志士」であり、将来を嘱望され大活躍している。今後の続編を待ちたい。

驚くべきことは、つぎに紹介する榊原英資氏が「アプレゲール」と呼んだ、戦後教育の申し子達の中から、同じ様なプロテスト（異議申立て）の烽火が上っていることである。この動きが私達老人の頭を超えて、遅れた政治の眠りをさまし、一日も早く平和革命に波及することを待望すること切なるものがある。

渡辺氏だけでなく、現代社会と思想に「ノー」を突きつける先覚者達は今や数え切れない程輩出している。正に世紀末に相応《ふさわ》しい、明治維新前の幕末を想い出させるものがある。私の手許でまとまった著書になっているものだけでも数十冊あり、これをまとめて解釈し紹介するこことは不可能である。その中で私が前出でも引用した人を中心に幾人かを書き出してみる。

榊原英資氏は今、知る人ぞ知る《ミスター円》のあだ名の通り、世界的な金融行政指導者であり、日本の金融危機を幾度か救った人である。彼の思想を代表するものに九七年出版の『新世紀への構造改革＝進歩から共生へ＝』というのがある。彼はこの中で、現代日本（世界）の思潮を成している「進歩主義」を徹底的に批判し、西洋中心の歴史観をもう一度見直して、アジアの中の日本を再発見し新しい人類史的価値観と社会の構造改革を行わなければならないという。日本は今、立上がって考え「進歩主義」から「共生」に向わなければならないという。このことを経済人の目から、原点に返って考え直そうと警告しているわけである。

次に、戦後生れの「思想の闘将」として、今を時めく佐伯啓思氏をあげなければならない。多数の著書リポートの中の代表的な『現代日本のリベラリズム』で、現代日本を支配しているデモクラシー、人権などの基本思想を再検討し、伝統、歴史、国家、コミュニティーとのバランス（共生でいう調和の姿）の上に、新しいリベラリズムを構築すべきだと説く。

経済の分野からは内橋克人氏が「喉元をかき切るような烈しい競争」から、誰でもが自分の存在に目を向け、そして互いに開く糸のなかで、心静かに未来に向っている日本の姿。このことを庶民（市民）中小企業、協同組合の歩みを通して作り上げようと呼びかけている。

少し遡って一九九八年発行の『共生社会の論理』古沢広祐著がある。これと出発点が同じの『コモンズ＝共生の経済学』多辺田政弘著があり、何れも農漁村の自治経済を経済の真の姿であると説いている。

人間の生と死に関して、科学と哲学の間で未解決の問題に「脳死を人の死と認めるか否か」という激しい論争があった。このことは既に法制化され、脳死移植は実施されているが、問題は実は全く解決されていない。脳死臨調で脳死を人の死と認めないで最後まで反対した哲学者の梅原猛氏と五木寛之氏が誌上対談をしている。梅原氏はその中で「人間の死を科学の都合で変えるという現代の風潮は、医学の傲慢であり、この背後にはあの世を考えない合理主義がある。この傲慢な哲学は、今急激に揺らいでいる。近代合理主義に対する抵抗は〝無用に見えるものを大切にする〟ということではないか」と激白している。正に医学の未熟さが生きている人間を死人と認めて別人に移植し、生かすということに対する〔恐れ〕を医師として告白する心情を失っているのではないのか。尚この問題の背後にある医学の為なら何でもやるという思い上がり、政治の便乗主義に対して、医師であるが故に信念をもって「ノー」と主張している阿部知子氏は、私にとって出来過ぎた畏友である。仙台で陰に陽に私達凡庸な弱者にサジェスチョン〔示唆〕を与えてくれる経済学者大内秀明氏や大学学長として〔感性＝センシビリティー〕を説く萩野浩基氏のような思想の先覚者、実践者に恵まれていることに感謝の意を捧げたい。

自然科学を人間が使い切れなければ「人類は滅亡に向っている。」として、科学技術を善用する為の知恵をくりかえし説く西澤潤一元東北大総長。

三浦朱門氏の『日本人をダメにした教育』は子どもの教育問題を通して、戦後の大人達の無責任、利己主義を痛撃し、親も社会も国家も「子どもにわが信念を強制すべし」と強調している。ずばりその通りである。

民主主義と人権問題で批判を受ける中国の鄧小平は「中国の人権というのは十二億の人民に満腹させることだ」とやり返し、有名な反骨の、マレーシアのマハティール首相は「我が国の使命は環境問題の前に先進国に追いつくことだ」といっている。

シンガポールのリー・クアンユー上級相（前首相）は「一九五五年来、我が国は九回の総選挙を実施したが、どれもクリーンで暴力もなかった。それにもかかわらずアメリカはシンガポールを専制と呼ぶ。我国の今日の成功は、米国の学者や記者達が作った教科書によって成し遂げられたものではない。」と米国式民主主義をばっさりと切り捨てた。また「米国では黒人の子どもの三人に二人、白人の子どもの三人に一人は父親がいない。これから先よい社会になるとは思わない。」と、アジア的家族観の優れていることを説いた。

韓国の元文化相、李御寧（イー・リヨン）氏は韓国切っての文化人であるが、一九九四年、

〔アジアの歌を作る時代、見え始めたアジアの新緑地、共生の基調音で多元世界〕という珠玉のようなエッセイを発表している。「最近、アメリカのクラシック音楽界で、韓国の天才バイオリニストのサラという少女は十二歳、彼女とよく比較される五嶋みどりという日本人。マスコミで話題になっている弦楽四重奏団のイエン兄弟は、中国人。この三人は偶然の一致ではない。クラシックの音楽界ではアジア人は今少数民族ではない。」この一致は在来のコラムニストの間でも取り上げられている。しかし、西洋人が作曲した曲をうまく演奏するだけでは、我々アジア人は、西洋文明の奴隷にすぎない。

この事実は音楽における面だけでなく、アジアを一つとして見る見方にも通じてくる。嘗《かつ》て岡倉天心は「アジアは一つ」といった。いまようやくアジアの自立が見えた時、本質的な文明の季節が変わってきたのだ。近代二百年間、世界の普遍的な文明だと信じられてきた西欧文化文明の神話が崩れはじめて、ようやく「アジアの緑地」が見えはじめて来た。

もはや民主制や資本主義経済の発達段階によって、人々や国家が区分されるのではなく、文化文明によって人々や国家群をまとめる時期にきている。このことは、人類がこれから「共生」していく為には、「個」を絶対とした今までの西欧の「排除」の曲とは違った、より深い響きを持つ歌が必要である。アジア人は長い間「相互共生」という基調音を持っていた。「ふたつでありながら一つである」という、おおらかな「複合文化」が今も残っているとすれば、日本の割り箸のような「和」、端切れを縫い合せた韓国（朝鮮）のチョカッポ（ふろしき）の「相生」、また勝ち負けが循環する（中国で始められたという）グー・チョキ・パーの「相互関係」だ。以上、これからの日本人のいく道の彼方に光る希望を余りなく示しているといえよう。

我が国で世紀末になってから、ずばりそのまま『共生の思想』という題名で出版された本がある。現代日本が生んだ世界的な大建築家である黒川紀章さんが、このような文明論的テーマに取り組んでいるとは思わなかった。一九九一年発刊以来、版を重ねて九六年に『新・共生の思想』を発表している。専門の建築のみならず、該博な知識を披瀝したこの著書は、黒川氏自身が「この書は哲学書ではなく、各層の人々に今の時代を考え、次の時代を予見するライフスタイルの手引……」というような簡単なものではないので、この書の内容を紹介するなどという大それたことは私には不可能である。ただ私の読後感としていえることも若干あるので、おおよそ三つの枠に分けてみよう。

第一は原理面で「共生とは形而上学ではないが、存在の森羅万象は、共生の在り方そのものであって、生命を持つ人間もこの中を流れている」。

第二は仏教の教えとの関連について「大乗仏教の思想である阿頼耶識（あらいやしき）というのは、物質でも精神でもなく、〔人間の無意識領域にある、あらゆる存在を生み出す無尽蔵の可能性を持ったもの」であり現代の科学でいえば、ＤＮＡのような生命情報・生命エネルギーのようなものと考えている」。

第三に「共生の思想が具現化した事象」については、日本古来の建築・庭園とか、江戸の街並や道路というものが、「自他の区別がない生活の場」であるというように、随所に例示、実証している。

これら全部の論旨をまとめる事は私には不可能であるが、「風物」「自然崇拝」「アニミズム」等々の言葉には、私の共生という理念の原型となる素材と重なっているという点で同感である。総じて著者も冒頭で断っているように、この論旨は哲学的に厳密にまとめられたものではなく、仏教という宗教観を基準にして「共生」を真正面から見据えた、そしてそれに向う啓蒙思想と受け取っていいであろう。

第二節　哲学、宗教と原始のくらしから――宮沢賢治の共生に生きた生涯――

アボリジニ（オーストラリアの先住民）の生活と価値観（何を大切にするかという考え方）についての象徴的な報告記がある。岐阜県美術館の正村美里氏が一九九九年九月十二日の読売新聞に寄せた一文である。

「アボリジニの生活は、我々の日常とはかけ離れた価値観の上に、すべてが成り立っていた。……狩猟によって糧を得、物的財産を必要としなかったアボリジニにとって、ドリーミング（独自の神話や創世記物語を表した彫刻、絵画等）というのが、護られ伝承されていく無形の財産である。より多くのドリーミングを長老から授かることが、最高の栄誉であり、尊敬の対象となる。

物にまみれて過ごす私達の日常を考えると、彼等の誇り高き考え方（生き方）は眩しいほどだ。物的所有欲から解放され、知的財産だけを拠り所として生きられたら、所有欲をそそるような煩雑な情報に右往左往することもないだろうに。……」とある。アボリジニの生活だけでなく、この様な生活様式と価値観は原始共同体そのもので、今でも世界の各地で、日本においても厳存している。前項の多部田政弘氏、コモンズの経済学の中の、沖縄の海辺に残る漁民の「イノー＝共同漁場」とか、紀伊の山深く残る農山村の「入会地」などである。このような社会を私は「アニミズムの社会」と名付けて次の章で明らかにすることとする。

歴史学者、木村尚三郎氏は「いのちとくらし」という言葉を使って「土を耕し、日々を大事に楽しく暮すこと」のために、田園文化の復権を説く。「ヨーロッパでも日本でも、山村から農村から漁村から、高度産業社会の快適な生活を求めて都市に向かいました。それでもヨーロッパでは、その土地の伝統技術で作られたものを食べる農村文化の豊かさを誇り高く守り続ける農村が多い。どうしたら日本がそうなれるのか、というのが出発点でした。」作家の立松和平さん等と「食料、農林漁業、環境フォーラム」等を作って各地を飛び回るうちに、最近は、農村に定着することに成功した中高年と出会うことが増えた。「山形県の農村で〈共生塾〉を作り、協力関係を築いた人もいます。……こぞって農村に住んでくださいと言っているのではありません。〈田園の豊かさを大切にし、尊重する〉時代に向って欲しいのです。都市の人々の行き詰まりを、柔らげ、四、五十代のサラリーマンの自殺も減り、農村も賑わい、田園文化も復権する。このことが私たちの生き方を変える可能性なのです。」

「聖霊」を西田哲学で考える＝東西宗教交流学会で超党派の討議

昨年八月二十五日の朝日新聞の記事は、「共生」に向っている哲学、宗教界の世紀末現象として注目すべきものがある。

一般に、宗教というものは「まず神（絶対者）があって「人間は神によって導かれ、それから与えられる」と信ずる受身の精神文化であって、ここでは「神から与えられるものとは何か、それが得られるにはどうすればよいか」と考え、生活することに集中する。いわゆる神学という学問、教会という組織、神事という行事は、何れも夫々の立場で、救われる為に行うべき道筋であると考えられる。

一方、哲学というのは、まず神ありきではなくて、人間自身が主体になって〈能動的〉な人間が理性（カントの分類を借りれば、純粋理性と実践理性）という能力によって「神（絶対）とは何か、人間は絶対の下でどんな存在であり、いかに生きるべきか」を究明しようとする精神文化であると言えよう。

ところが、精神文化の頂点に立つと思われてきた両者も、お互いの領域の区別がはっきりせず、幅も狭められて、両者の頂点に立つ人々も、この趨勢をどのように理解し、この現実にどう対処したらよいのか分からなくなっていると思われるのである。

それほどに二十世紀末の人類の思想（ここでは宗教も哲学も日常の生活規範も含めた人間の生存原理＝価値観）が迷走しているといわざるを得ない。

この迷走状態を作ったのが、「人類が嘗て経験したことがない科学主義、実証主義、進歩主義」の突出した現代思潮である。そして社会現象としては、民主主義社会体制の庇護の下で「空前の豊かさ」をもたらした、物質万能至上という現実が横たわっていることを見逃してはならない。この中で、いわゆる精神主義といわれる古い宗教や哲学的概念が出番を失ったというのは当然といえよう。

そして、古いものはその形のままでは生き延びることはできない。それは新しいものの中に形を変えて取り入れられ、生かされていくのが、万物循環の摂理であるからである。

このような見方から朝日新聞の記事は、短いものであるが、二十一世紀以降の新しい指針となるべき「思想」を創造する時に、人間の英知を究明する為の入り口と位置づけて、大いに注目しなければならないのである。

京都市で九八年七月に開かれた第十七回東西宗教交流学会では、主としてカトリックの立場から小野寺功氏が〔西田哲学から聖霊神学へ〕という意見発表をし、そこから展開された議論と、その纏《まと》めについて議論している。

カトリックでは〔聖霊〕というのは、エホバの神、その子であるキリストと共に三位一体を為す絶対者であるとされている。しかしこの考えでは祈る信者と祈られる神が分かれてしまう。人間はいくら祈っても神そのものにはならない。この矛盾が神学上の悩みだという。

一方、西田哲学の基本的思想は「絶対矛盾的自己同一」ということで、この哲学からは祈られる者と祈る者との矛盾、希望と絶望の絶対的対立をこえる場所こそ究極の存在であり、これによって全ての問題が解決し、安定するという。これは仏教（特に禅宗）の教義の中の「絶対無」「一切色即是空」「一即多、多即一」という悟りの道に通ずる。そこで小野寺氏は「聖霊」について西田哲学の「絶対矛盾的自己同一」に救いを求めたということになっている。

キリスト教にとって聖霊とは三位一体の絶対者でありながら、それが仏教の絶対無の境地とか、近代思想の主体と客体の分離という考え方によって挟み打ちにされているということであろうか。ローマ法王は一九九七年をイエス・キリストの年、九八年を聖霊の年、九九年を父の年、二〇〇〇年を三位一体の年と定めて、それぞれを学ぶように勧めている。この会議で論ぜられた過程では、私が聞いたこともない日本やドイツやアメリカ等の高名な神学者、哲学者名も数多く出てきたが、小野寺氏の発議に対して、カトリックの本田正昭ノートルダム女子大学長は「伝統神学に縛られてはならない。さらに大胆に東洋的なキリスト教を模索すべきだ。」と提言している。

これらの論議を通じて言えることは、過去二百余年の近代社会がいかに人類史に対して激しい変化をもたらしたか、そしてこの変化が日本のみならず全人類にとって真に幸福なものであるかということを問われる重大な問題を孕《はら》んでいることに着目することである。原始共同社会から発展して歴史時代に入るはざまにあって、仰ぎ見る巨大なヒンズークシ山脈を越えたアーリア人が、自然と人間との関係の中で体得した「我＝アートマン」と「梵＝ブラーマン」の哲学を生んだことを想起している。

最後に日本の片田舎に生まれて片田舎で死んだ「デクノボウ」に憧れて生涯を駆け抜けた宮沢賢治について私見を述べることとする。

宮沢賢治の共生に生きた生涯

今、なぜ賢治を共生と結びつけるのか。賢治研究の専門家は勿論、少しでも関心のある人なら誰でも、宮沢賢治が「共生の子」などという論議は見たことも聞いたこともないに違いない。それに私は特別に賢治を深く研究したこともない。

生誕百周年の前の年に一度、何とか念願かなって花巻温泉の中の賢治が農学校の生徒を連れて入浴したという温泉宿に、老妻と一緒に泊っただけである。賢治記念館のほかに、羅須地人協会で使った建物も、彼が名付けた北上川のイギリス海岸も、見る余力がなかった。手許にある蔵書といえば、賢治に関する解説書数冊と少しの雑誌記事、ちくま文庫の宮沢賢治全集十冊が全てである。

この程度の備えで、膨大な賢治の業蹟を他人に発表する資格がある筈もないことを私自身がよく認めている。それにもかかわらず、共生の理念を私なりに纏めようとしているときにこそ、彼に巡り会えたことに、生涯二度とないかもしれない愉悦に浸っているのである。宮沢賢治は、どこから見ても、どれを読んでも、想像しても「共生の子」であることを発見したからである。

たしかに賢治の作品からも言行からも、共生という言葉はでてこない。それにもかかわらず私は独断と偏見を敢えてして、彼の手記と作品三つを選び出して、賢治が真に「共生の子」であるという真実を明らかにしようと思う。

三つの作品は、その全てを紹介するのではなく、一部の言葉の中から汲み取ることができる心象（賢治の表現様式を借りれば）として、強く「共生」を印象づける文言を抽出したものである。

① 一九二六年、三十歳で羅須地人協会を作り、そこで「農民芸術概論綱要」を発表している。今でいう、協会の綱領のようなものと思えば間違いなかろう。この文章は箇条書きで、若き賢治のありったけの思想（哲学）、人生論、世界観をのべている。そしてこれは彼の童話の優しいタッチに見られない、断定的で意気盛んなものである。

序　論

……われらはいっしょにこれから何を論ずるか。……

○おれたちはみな農民であり、ずいぶん忙しく仕事もつらい
もっと**明るく生き生きと生活**をする道を見つけたい

……………………………………………………………

○近代科学の実証と求道者たちの実験とわれらの直観の一致において論じたい

◎世界がぜんたい幸福にならないうちは個人の幸福はあり得ない

◎正しく強く生きるとは銀河系を自らの中に意識してこれに応じて行くことである

農民芸術の興隆

〇　いまわれらにはただ労働が　生存があるばかりである

◎　宗教は疲れて近代科学に置換されしかも科学は冷く暗い

農民芸術の総合……（結語）

◎　永久の未完成これ完成である

◎　理解を了えればわれらはかかる論を棄つる

〇　畢竟ここには宮沢賢治一九二九年のその考えがあるのみである

もはやこれに加える必要もない、百の議論にも優る「共生」の定義である

② グスコーブドリの伝記

大正九年（一九二〇年）賢治二十四歳の時から原稿をあたため、書き足して、死去の前年、雑誌に載せた短文である。多くの作品の中では代表的なものとされていないが、敢て取り上げたのは、最愛の妹トシを失ってから執筆、信仰、農民運動に没頭した後に、体力の限界の

厳しさの中でまとめられたものだからである。
物語は、主人公のブドリが二十七歳になったとき、イーハトーブの里に大寒波が襲ってこのままでは凶作になることを知ったブドリがカルボナードの火山を爆発させてイーハトーブを暖めるために、特命を負って火山島のカルボナード島に渡った。そして火山は爆発し気候は暖かくなり、作物は育った。しかしブドリは二度と帰らなかった。というので終る。主人公のブドリは賢治その者であったことは、前の書き出しから明らかである。死を覚悟した賢治が辿りついたものは「みんなの為に身を捨てる」という、空想の科学物語に最後のロマンを託したものである。

③　雨ニモマケズ

余りにも有名なので多くを述べなくともよかろう。グスコーブドリと相前後して手帳に残したのは、賢治一流の「恥じらい」からか。彼が死の床で親兄弟に遺言した「国訳妙法蓮華経」を一千部印刷して知人に配ってくださいといった心境と、デクノボーになりたいと願った賢治の心情は、生死を超えて続く永遠のロマン「共生」を生きた賢治の生前の姿そのままであるといえよう。

賢治は類い稀な詩人であり、成仏と衆生済度《しゅうじょうさいど》を希う敬虔な仏教徒でもあったが、どの面も賢治そのものであると共に、彼の生涯全てをいい表すことはできない。彼が憧れ、迷い、苦悩し、到達した全てのものは「共生」の姿であり、デクノボーであり、グスコーブドリである。若き賢治が「永久の未完成これ完成である」といったその体験者こそ「共生を映した」賢治自身なのである。

賢治はついに、泥くさい「政治」や実業の道に入らなかったが、〝より深くより広いロマンチストとして「世界の人々の幸せ」を追い続けた〟人生論的社会派の賢治であった。

今の人類社会に、政治に、賢治の歩みを顧みて、これを生かすことのできる人はどれ程いるだろうか。それを求めて「共生への道」は今日も明日も続く。政治もまた「共生」への道なのである。

第三章　共生の理念

二十世紀末になって、世の中に潤いがなくなったり、忙しいのに暗い不安感が漂いはじめたのと反比例して、頻繁に使われるようになったのが「共生」という言葉です。例えば「弱者、心身障害者との共生」「自然との共生」「アジアとの共生」とか色々な場面で使われています。今のこの言葉の使われ方は、英語のシンビオシス（共棲）の訳語から来ているのですが、もともとは今から三千年近く前に、中国の春秋戦国時代の老子が使った言葉だと言われています。このことは後でも説明しますが、何れにしても、単なる生物学上の棲み分けという単純な定義をこえて、もっと広い、人間として心得るべき「現代人の共通意識」になりつつあることを表していると解釈できるのではないでしょうか。それは「弱者との共生」ということが「弱い人も強い人と同じように生活できる」ということであり「アジアとの共生」というのは「アジアの国々を遅れた国であると侮ったり排斥したりするのでなく、同等に苦楽を共にしていく」ということでしょう。「自然との共生」についても同様に「強者である人間は、欲望をほどほどに抑制して、自然の掟に忠実にしたがって生活する」というふうに解釈できます。

このように見て来ますと、接触する相手方は色々違っていても、それに対する主体（自分）の考え方は「共生」ということで一致しているわけであります。つまり、人間またはその集まりである社会全般が色々なものに対して共通して「考え」または「行動」できる「基準＝数学でいう公理みたいなもの＝」を、人間の思想、社会思想というわけでありますから、「共生」という言葉は「共生の思想」ということになるわけであります。

……………………………………………………

さらに立ち入って考えてみますと、今の民主主義社会の精神的土台（思想）というものは、今から二百年前に西洋から生まれた〔啓蒙思想〕とその具体的な活動としての〔市民革命〕によって、確立し、それが今日の世界的な思想になっているわけであります。我が国では明治維新の開国によって取り入れられたのでありますが、特に一九四五年（昭和二十年）の敗戦後は、その一派である「アメリカ的思想と社会、経済、政治体制」を、ほとんど丸呑みで受け入れることによって、今日の豊かさを築いてきたわけであります。

つまりこのような思想と生活方法は、明治以前の封建国家日本からみると、ほぼ完全な「外来思想と体制」なのであります。それが昭和二十年以降は特に著しくなりました。

我が国の歴史時代を振り返って見ますと、これ以前に「外来文化」を取り入れたのは、遙か昔の二世紀、三世紀に遡り、六、七世紀から大陸文化が黄金時代に入りました。九世紀平安時代では、文字から仏教という精神文化、律令制という政治体制まで徐々に日本伝来の風習文化と融合統一して、独自の日本文化を形成しました。そして江戸幕府が崩壊する十九世紀半ばまで、この間実に千七百年を経ています。勿論交通不便で文明も未発達な時代ですから現代とはそのスピードにおいて比較はできませんけれども、それにしても、西洋近代文明を受け入れて僅か百五十年、アメリカ的思想と体制にどっぷり浸ってから、何と未だ六十年を経ていません。この猛烈な速さは、なにも日本だけのことではありません。西洋よりも遙かに古くから高度な文明を築いて来たインドや中国への圧倒的な西洋化の波は、今の豊かで平和な日本人から見れば想像を絶するものがあり、アフリカのような未開社会は、最も始源的なアニミズム（精霊信仰）の生活から一挙に民主主義の渦中に投げ込まれたわけです。これらの地域の人々の戸惑いと混乱（悲劇）はここでいちいち挙げることもないでありましょう。

それでは、何が一体人類の歴史をこれ程まで激しくスピーディーに変えたのでしょうか。それは只一つ、「科学技術」という物質文明の発達によるものであり、それが軍事力を伴い、政治、思想を引き込んで全世界に拡大したことを、今の日本人は誰でも認めるでありましょう。

……………………………………

ここで私の小さい実体験談を披露させて頂きますが、一九五五年（昭和三十年）夏、私がアメリカのデトロイト郊外にある、ミシガン大学の教授のお宅に二日間ご厄介になったときのことです。アメリカのある思想運動、事業団体の招待を受けてのホームステイでしたが、夕食になる前に、奥様が、日米戦争においてアメリカの民主主義が勝利したという意味のことを、教授と私の二人に向かって言われました。私は当時まだたどたどしい英語（米語でなく）の記憶が残っていた頃で、英和、和英辞典を持ちながら、必死になって聞き耳を立てていたのですが、ご主人である教授がその言葉を真顔になってたしなめ、次のように言われました。「この戦争でアメリカが勝ったのは民主主義の故ではない。アメリカの武器が優っていたからだ。若し日本にアメリカと同じぐらいの武器があったならば、ミスター久保はビジター（お客様）としてでなく、オキュペーション・アーミー（占領軍）として来ていただろう」という意味のことを発言されました。私はびっくりして辞書を引きながらこの言葉をもう一度確認し、この教授がにこやかにゆっくりと再確認してくれたことを、今でも鮮明に覚えています。

この小さい言葉と私の体験は、私にとって大きな思想的、社会的意味を持つものでありました。当時私は高校世界史の授業を受け持っていましたが、県の高校社会科研究会は、さながら日教組の社会部会そのもので、日本の敗戦は軍国主義の敗北であり、民主主義の勝利であると言う声高の発言に対して、誰一人質問も疑問も発することはありませんでした。私は過去の戦いを正当化しているのではありませんので誤解のないように願いたいのですが、戦争の勝敗と思想の優劣とは同じ次元で考えられないことを指摘しているのです。アメリカの一人の知識人と日本の社会科を担当する教師群や、教員組合の「自主性」の欠如との間の格差について事実をそのまま報告したものです。今の知識人の中で、今でもこんな主体性のなさを見るのは辛いことです。

……………………………………………………

議論を文明論（思想問題）に戻しましょう。

古代において圧倒的な中国文化を取り入れてからの日本は、千七百年もの長い年月をかけて、日本独自の文化に消化し、高めることができたのですが、十九世紀以降の僅か百五十年の間に、強大な西洋文明の洗礼を受けながら、世紀末の混迷に喘いでいる我が国が、最先進国として全人類の期待と与望を一身に担って、日本人としての本心に立ち返って、この豊かさを全人類の為に役立てることができるでしょうか。私は、日本人は必ず出来ると信じていますし、二十一世紀はその行動の世紀になると思っているわけです。

これを成し遂げて、日本を根本的に再生することが出来る文明論（生活観、世界観）が「共生の思想」というものであり、共生の思想のエキス（根拠）になるもの（哲学）を、「共生の理念」というのであります。

少し中味を分かりやすくする為に、参考になることを述べますが、私は私なりに、イーハトーブの宮沢賢治を、童話作家、法華教の信者、農民作家……などという評価をひっくるめて〔共生の申し子〕だと思っています。それは、賢治の一生涯を通じて貫き通し、後の人々に感銘を与えている「姿」が「共生の思想」という姿であり、そして彼が最後まで憧れ、辿り着こうとした理想郷こそ「共生の理念」であると信じているからであります。彼が死を覚悟した病床の中で、手帳に独り書きした「雨ニモマケズ……」という散文詩があります。今は宮沢賢治の代表作になって、知らない人はほとんどない程有名ですが、私もまた彼の全生涯、最高の願いをここに見ている一人だと思っています。彼が「雨ニモマケズ」最後まで生き抜いた姿が「共生」そのものであり、「……デクノボウトヨバレ……」そんな人になり、全世界もそうなってもらいたいと祈った究極の願いが、「共生の理念」そのものであったと、私の目や耳に映るのです。彼の偉大さに比すべくもない私にも、この告白が響いています。それ程に共生という思想も理念も、普通の庶民の誰にでも見え、聞こえる、身近なものだと申しているのであります。彼は天才であり、法華教の敬虔な信者であり、人類史に残る偉大な業績を残しましたが、同時に、少し斜めに構えた洒落っ気を持ち、人を恋い、人にも自分を知ってもらいたいという俗っ気も持っていたことに、ほのぼのとした微笑みを感じ取ることができるような気がするのです。そんなことを混ぜ合わせて、私は共生の立場から彼を〔申し子」と表現したのであります。

宮沢賢治の研究者から叱られるかもしれませんが、共生に至る「申し子」的な、当代一流の先覚的教養を持った、各界の知識人のことは、ほんの一部ですが、前の第二章で触れました。

ジャーナリストで本格的な文明評論家、渡辺勝一氏、榊原英資氏、佐伯啓思氏、内橋克人氏、古沢広祐氏、多辺田政弘氏、三浦朱門氏、政治家では韓国のイー・リヨン氏、シンガポールのリー・クアンユー氏、マレーシアのマハティール氏などの他に、私が知っている人でも書き切れないほどの人がいます。私は文学、芸術面では音痴ですが、感性に訴える先覚者は数多くいます。もう一人、ずばり『共生の思想』と題した黒川紀章氏のベストセラー本をあげておきましょう。

これらの知的先覚者は今、日本を先頭に人類の安住の地「共生の門」を叩き、全力を傾けて開門させようとしています。残念なことに、思想のさきがけに立つべき宗教界、哲学界にこの強大な扉を開けて、万人に対して恵みの光を当ててくれる人は見当たりません。文明論者であるハンチントン氏もトフラー氏も共生とは未だ道遠い思いです。まして政治の先頭に立ってこの王道に導く勢力を探し出すのは暁の星を見付け出すよりも困難なことです。しかし「人類の転換」は始まりました。私は庶民の一人として「共生の太陽」を指し示すことに敢えて踏み切りました。このリポートが、共生への小さなさきがけとなって、人間のくらしの中に、日本再生の道に燦々たる光がそそぐことを願いながら。

…………………………………………………………

さて、共生の理念というものの論理的な考証に入る前に、予備知識としてのべておきたいと思います。

私は哲学や宗教学などを、正規の学問として学んだことがない素人ですが、思想とか理念、価値等という文明論的な分野を考えるときには、どうしてもその学問とその言葉を借りなければなりません。従ってこの章で構成する論理も、科学の分野とか、日常生活で気軽に使っている思考法や言葉から離れて、専門語が時々顔を出すことは止むを得ないことです。そうは言っても、素人の私が考えることですから、難しい、面倒くさいと敬遠しないで考えてください。難解だと言われる西田哲学の中によく「思索と体験」という言葉が出て来ますが、思想とか理念とか言っても、私達のくらしと思索の中に全て内在していることだからであります。

私の思考方法はほとんど西洋哲学、特にカント、ヘーゲルの流れを汲む範囲内にあると思っています。ただ、それだけではなく、これに加えて、別の潮流から、東洋思想、その中の仏教的な世界観も入り込んでいます。

この二つの思想を合わせてこれを〔止揚〕したのが西田哲学であり、私の思考は私の体験を含めて、全て西田哲学的な枠の中に含まれていると理解してもらって間違いないでしょう。特に西田哲学の中でも、私に思索的根拠を与えてくれたのが、「絶対矛盾的自己同一」という「自覚」であり、従って、結局私の文明論としての思想も、絶対矛盾的自己同一という絶対論理（形式論理でなく、ヘーゲルが言った大論理という意味）の立場に立った「人間の価値論として〔共生の理念〕に行き着いたと解釈して頂いて結構です。私のこの立場の正当性と限界については十分な批判、反論にも耳を傾けるのに 吝《やぶさか》 ではありません。

更にいえば、私の共生論はお断りしたように「素人論―常識論」であると思っていますし、これを進めて厳密な学問にするだけの能力は私にはありません。別に有志の学者によって論破していただき、よりよいものに体系づけられることを期待しているわけであります。

以上の前提に立って論を進めるわけですが、そのうち

① 実在論というのは哲学的な別の言葉では形而上学《けいじじょうがく》とも言い、「万物一切の究極の姿は何か」という、人間の思惟能力では限界を超える程むつかしい課題であり、

② 価値論とは、「存在の中で人間が生きている、あるいは行為するときに、最も根本的な原理は何であるか」を究めようという論理であります。

「共生」というのは、①の課題に対して、「循環」と「一即多、多即一」という二元的な相

対論に立ち、②の場合に、自我と他我を合わせて「共生」と名付け、これを人間が生きる道としたのであります。

第一節　実在論と「絶対矛盾的自己同一」

世界思想史を概観していくつかの実在論を拾ってみますと、まず最も有名なのが、タ一レスが「万物は水だ」といったことです。コーカサスから南下したアーリア人のウパニシャッド哲学では、「宇宙の根源は梵（ブラーマン）であり、個人の中に宿る我（アートマン）と一致することに救いがある」と定義しています。宗教の教えの中では、キリスト教はエホバを、イスラム教ではアッラーが、日本の土俗宗教を統合した神道では「天地人に宿る八百万《やおよろず》の神」が、夫々最高の存在として崇められてきました。

近代十八世紀以降になりますと、宗教的信仰心は弱くなり、「我思う、故に我あり」＝デカルト＝から、合理的な哲学が学問として栄えてきました。そしてそれが巨大な世界観（思想）となり、政治、経済、社会のあり方にまで、国境を越えて大きな影響を与えるようになりました。そのうちの一派にイギリスのロック、ヒューム等の「経験論」があり、そこからアメリカ大陸に渡って、ジェームスの「功利主義哲学」が生まれました。先進国ではこの考え方、生活規範が、科学技術の破天荒な進歩と結びついて、現世的利益が価値観にまで高められてきたことが、知識人ならば誰も否定しないでしょう。殊にこのリポートが目指している思想革命、社会の抜本的転換の立場に立って言いますと、**この六十年間の日本と日本の人々が、アメリカ人に優るほどこの功利主義の流れに浸っていることを強調したいと思うのです。**功利主義は人類の英知から見れば、実は枝葉のまた枝葉に過ぎないのでありますが、日本人は上下揃ってこの流れを批判して、より大きな人間の追求すべきことを忘れているとしか見えないのであります。人間というものは目先の利益だけで幸福になれるものではありません。幸福と不幸を分ける数知れない多くのことがありますが、どんな人でも直面するのが、生死の問題であります。死というものは単に肉体が灰になってそれで終わりなのは当然のことですが、実はそれだけでなく、「生きていることの中の死」ということがあります。死は免れないものではありますが、死んだ後に子どもや家族は、世の中は、と、自分の死を超えて他のことまで考え、用意するのが、自分のことなのであります。つまり、死は生の中にこそあるわけであります。人間の命というものは不思議なものであり深いものだと思うのは、このように、誰からも貰ったわけでもない、人間特有の「英知」というものがあるからではないでしょうか。

そこで人間の英知が、どうしても知りたい、そして安心したい、その頼みの柱は何か、究極の絶対のものは何かと問う相手が「万物（実在）の姿」であり、これを自覚することによって「人間の真の安心」が得られることになるわけであります。

この実在とは、私の相対論からいえば、

一つは「無限な時間と空間とは循環である」ということであり、

二つには「循環の原理を写すものは個と全との絶対矛盾的自己同一である」ということになります。

この二つの面から説明しましょう。

① 循環の原理

「実在」というのは、空間における無限大無限小、時間における無始と無終でありながら、それ自身「完全無欠」なものである。完全無欠なものは、有限な人間から見れば、それは「無」にしか見えない。そのように「無」でありながら「有」なるものを「実在」という。

そして「無」であって「有」でもあるということは「循環」ということである。＝別の言い方をすれば、まず何かが有ってぐるぐる廻るという科学的論理（形式論理）的な運動のことを言うのではなく＝「循環そのものが実在そのもの」なのである。

② 個と全との絶対矛盾的自己同一

形式的（平面的）には、個と全体というのは相容れない、絶対に矛盾する存在である。しかし、循環の原理に拠ればそれは循環の中にあって、個はその独自性を維持しながら、すべての全なるものを内包することによって実在そのものであり、全は個に内在しながら個を生かす実在そのものなのである。

このように個と全（または全と個）というものは、形式論理的（科学的）に解釈すれば、絶対に矛盾し、対立するものであるが、実際（自覚的）には、この矛盾が同時に存在することによって、循環（実在）そのものであるという論理であり、これを「絶対矛盾的自己同一」の論理という。

…………………………………………………………

以上二つの実在論に対して、それは観念的な、実体のない理屈で、現に存在し、働いている物や現象を見て独断と偏見を加えたものに過ぎないという批判、反論が必ず出るし、今までもそのような哲学説（文化観）は喧しい程主張されてきました。そして、その思想に基づいて築かれてきたのが、今までの、いわゆる「近代進歩主義」の社会なのであります。私はこれに駁論《ばくろん》する必要を認めませんので、淡々と論理を展開して参ります。

第二節　人間の価値観としての「共生」

人類史的な時代の転換期に直面して、人々は何を目標に、どのように生きたらよいのか迷っています。個人のくらしというものも、社会の有り様に大きく左右されるからであります。そこで人々は、今まで何の疑いもなく走ってきた道が急に途切れていることに気付き、迷い、そして新しい道を探します。この道こそが生きる為の価値観に相当するものと言ってよいでしょう。従って「共生の価値観」というのは「共生の道」と言い換えれば分かりやすいと思います。そこで「共生」について堅苦しい文章になりますが、しっかりと論証しておきます。

その前に「共生の思想」と「共生の理念」というややこしい概念（言葉）の区別をしておきます。まず「理念」というのは、共生の究極的な姿のことで、論理的には絶対矛盾的自己同一によって循環する人間の理想像を指しています。平たく言いますと、何の矛盾もない「天地人一体」の状態とでも表現する以外にはありませんが、とにかく絶対に実在する姿なのであります。

次に共生の「思想」というときは、共生の理念に向かって、自分も他人も、個人も社会も迷うことなく前進する「共通の精神的傾向」とでも形容できましょう。歴史哲学的に言いますと、「共生の理念に向かう時代思潮」と別称しても誤りではないと思います。

論理的に少し難しくなりますが、最後に「共生の理念」について定義しておきましょう。

・共生の理念

人間は、それ自身が個でありながら「実存」を内包し、個としての独自性を主張しながら、生まれ、死んで、新しい個に帰るものである。そして、人間だけがこのことを「自覚」することのできる「知慧＝知性」を与えられ、持って、実在に帰ろうとする「生き物」である。この自覚が、個でありながら全を写すという「共生の理念」である。（二元的なものを同時同一化して実在につながろうとする姿）

人間は共生の理念によってのみ、有限な肉体と心を生かして、他者と一体になって、永遠無限の実在に連なることができるのである。

「共生の理念」への思慕と自覚こそが、人間に対して「暮らしの知性＝文化」を生み出し、人間にとって至上の悦び、幸福感を与えるものである。

科学的、実証主義的な思想に安住し、偏ってだけ考えることに慣れている現代の多数派の人々からみれば、右のような「自覚」は、幼稚な観念論としか思われないでしょう。前にのべた通り、私はこれに反論しませんが、ただ一つ、その科学的人間観、社会観自身も、二十一世紀の現実の人々の暮らし、社会の姿が現実になったとき、初めて分かることになるでありましょう。

何故ならば〔民衆〕がそれぞれの場にあって〔生活〕を通して、必ずこのことを明らかにするであろうからであります。遠からず、歴史がこのことを証明するでありましょう。

第三節　共生史観＝進歩史観から循環史観へ

時間は、始めもなく、終わりもなくとどまるところなく流れ、万物は限りなく変化して、元の姿には二度と戻らない。形あるものは全て無常であります。時間と空間は有でありながら無であるという、人間の知を以てすれば絶対に矛盾して相容れないものを包括するものであり、私はこのことを前の節で「循環の原理」と呼びました。人間だけが、知恵＝英知＝真知を通してこのことを「自覚」できる。人間は、無限小なる個であると共に無限大なる全を体現できるが故に、「尊厳」を与えられる生き物なのであります。

かくて、人間が猿から進化して原始人となったとき、この原理を、自然現象や野性の生物に擬体化し、崇拝することによって、これらと共に生きる運命を分かち合いたいと願いました。このように原始人は「祈りと生活」を一体化していました。この生き方は「アニミズムの世界」と言われています。

もともと、原始的な生活を維持する為の知能と財産しか持っていなかった原始人は、その後の文明社会のような、聖と俗、精神と物質、支配と被支配などという「区分意識」というものを持っていませんでした。彼らは、運命共同体的生活と、精神崇拝とが一体になった生活の中で「自分は生きていると共に、仲間達や精霊と一体になって生きている」という「知恵の始まり」ともいうべき生命意識を持っていたのであります。

最も進歩した?と思っている現代社会の行き詰まりを根底から見直し、転換する為に、人類は今、「循環の原理」に目覚め、「アニミズムの原点」に回帰し、そこから再生しなければなりません。人間が人間としてのアイデンティティーを取り戻す第一歩、「新しい（ネオ）アニミズム」に求めなければなりません。こうして循環する人類史は、第四の、ネオアニミズム（共生）の時代に入ろうとしているのであります。

循環する人類史の第一段階
原始アニミズムの時代

この時代は、人類が未だ地球上の支配者でなく、いわゆる歴史時代以前のことであります。

人類は「より豊かに」生きる為に、自然の恵みを生かし、またその脅威から身を守る為に常に協力し合い、僅か数十人、数百人の集団が生存を許される範囲の中で、いわゆる「個人個人の自由」が許され、そして守られていました。このような社会は、普通「原始共同社会」と呼ばれています。

彼らは、食べ物をはじめ、あらゆる生活物資を「平等」に分配すると共に、それを与えてくれる自然の恵みに感謝して、これを与えてくれる自然界や生物を「精霊」として崇拝しました。しかし自然は人間に恵みを与えてくれるだけでなく、災難をも与えるものであります。恵みと災難は、彼等人間自身の力によっては作り出せるものではないことを知った原始人は、その一切を司り、支配する超越的なものをまとめて「精霊」であると信じ、祭ったのであります。これに祈りを捧げることは、彼等の世界の最高絶対の場であったのであります。このような、物と心が集約された原始社会を私は人間のくらしの始まりであると位置づけたのであります。

この世界では、心と物とか、個人と社会などという区別は未だなく、ただあるものは、「いかにして生きる＝生活するか」ということが至上命題なのであります。その為には色々な道具も工夫して生活に役立て、豊富で便利なくらしを追うようになりました。しかし、彼らにとってどうしても避けることのできない、生老病死、恵みや災難を与える超人間的な絶対者というものが、彼らにとって如何におおきな存在であったかは、想像以上のものがあったと思われます。このことは最近の考古学や未開社会研究が進むにつれて益々明らかになりつつあります。

そこで、くらしに恵みを与えてくれる精霊に祈り、悪霊を追い払う為に彼等は生活の中での一切の知恵と能力を傾けて「祭り」を持ったわけであります。

忘れてならないのは、精霊や悪霊の存在以外に「集団の結合、一体化」という、今でいう「社会秩序―社会的価値観」の芽生えであります。こうして、祭りは集団の一切の「芸能、技術、教育、政治……」を集中した「文化の殿堂」として位置づけられ、彼等の全生活における信頼と安心はここに集約されたことを忘れることはできません。この社会が「共生の思想による共同社会の原型」なのであります。

さて、祭りのときだけでなく、普段の生活においても人々は一定の「くらしのルール」を持っていました。まずリーダーが必要ですが、リーダーは祭りを司る司祭者でもありました。祭政一致の原型であります。リーダーとは集団の中で特に優れた知恵を持ち、経験が豊富で、集団の為に献身的につくす人が推されました。普通、長老と呼ばれ、一人の場合も複数の場合もありました。長老の地位は全員の合議で決められるので、今日の「代議政治」の原型でもあったわけです。少人数の弱い集団生活の中では、内部争いなどは全く意味がなく、あくまでも集団の利益が優先したわけであります。このような社会の微妙なバランス感覚は、人間集団の最も賢い知恵であり、「共生の思想が健全に働いている〔共同社会〕の理想型」なのであります。

※　マルクスが原始共同社会を、平等で搾取のない理想社会であると言ったのは、一面の真理でありますが、共生の思想から言いますと、物の生産と分配の面だけを見た、木を見て森を見ない理論であります。彼の時代は、産業革命直後であり、過酷な搾取と悲惨な服従から、民衆を解放しようとした当然の闘いの論理であることは認めますが、現在は結局「資本主義と同じ面」で抗争する「物質万能主義」に陥り、資本主義に敗れたといえるでしょう。しかしこの一面と理想観は、人類の物的欲望と征服、支配を弾劾するアンチテーゼとして、大きな教訓を残していることも疑いないところです。

唯物史観を含めて「物質的進歩史観」から人類史を見れば、人類は今日最も進歩した地位にあり、人間の「我」の自覚によって、個人の尊厳というものが何物にも優るということになっています。民主主義に伴う価値観は人間と人類の為に究極の在り方であるとされています。今日、これに異義を唱える者は、馬鹿か外れ者かと見られていますが、人間の生き方にとって、人類の今と未来にとって、果たしてその通りなのでしょうか。

循環する人類史の第二段階

文明の発生―俗と聖の分離（古代）と停滞（中世）

何万年かの遅々たる進化の原始時代を経て文字や記録のある歴史時代に入ります。それは歴史学上、数千年前の古代文明から始まるというのが定説になっています。

・古代

原始から古代への過渡期には、自然に対する人間の優位が明らかになると共に、人間の関心は、自然と人間との関係から「人間同士」の関係に移ってきました。祭りというものも、自然崇拝のアニミズムから、自分達の祖先や指導者（権力者）をすぐれた神の使いとして奉り、信仰する「シャーマニズム」へと移行します。このようなシャーマン国家は、四大文明圏の古代エジプト王朝、中国の夏、殷統一国家、インダス、ペルシャの諸王朝、古代ローマ帝国に共通して見られますし、ずっと遅れて日本の国造り神話などもこれに属するものと見てよいでありましょう。

ここでも政治と祭りが一緒になった祭政一致ですが、支配者（国王）の私権が強くなるに従って「平等で共同的な思想」や制度が弱くなり、世俗権力が神の化身として支配力を確立していきました。

こう見てきますと、古代は〔普遍的な実在から、個としての独自性を与えられていた人間という生き物が、いよいよその独自性を強力に発揮することによって、俗と聖との分離の世界に踏み出した画期的な時代〕であり、〔人間の迷蒙と自覚との相剋が始まった〕と言えるでありましょう。キリスト教流にいえば〔禁断の木の実〕を食ったのであります。

嘗つてアニミズムの社会での平安な生活からは想像も出来ない悲惨な生活に成り下がった「奴隷的民衆」は、この世の生活に望みを失い、勢い現世から逃れて、来世の救いを約束する「超越的な普遍宗教」に引き込まれていきました。権力者にとってまことに都合の悪い〔新興宗教〕は今日で言えば巨大な革命勢力であって、死をも弾圧をも乗り越えて、燎原の火の如く広がっていったのであります。紀元前五〇〇年からの五百年間は奇しくも四大世界宗教が生まれた時代であります。インドでは釈迦が仏教を創建し、地中海の東岸ではユダヤ人が強固な一神教をつくり、そこからキリスト教が派生しました。またギリシャでは、ホメロスの伝説を経て合理主義が生まれ、中国では春秋戦国の争乱の中で諸子百家の花が咲きました。何れも強大な国家権力の衰退の時期に栄えた精神（聖の）文化であります。

こうして古代は「俗」と「聖」との人類的抗争の幕開けとなったのであります。

・中世

古代史は、聖俗の分離と衝突を繰り返しながら中世に続いて行きます。中世は聖俗両面が交錯し、聖なる宗教界は俗界の権力機構に入り込み、俗界を代表する国王（封建諸侯）は宗教の力を借りてその権力を正当化し、聖俗合体の支配を確立し、固定した時代であります。その典型的な例はローマ法王庁と神聖ローマ帝国の併立体制であり、イスラム教とサラセン帝国の一体化は現在でも大きな勢力を持っています。

このような一千年間の中世においては、被支配層である農民や都市市民が、聖俗何れの立場からも救われる見込みがないという共通な運命におかれていました。このような中世の固定化し、安定したように見える体制の下で、農林漁の自然産業から、加工技術流通という貨幣経済の発達に伴って、経済都市を形成した「市民」が勢力を蓄えてきました。この都市市民が中心になって、聖俗合体の封建制を打破することになったのであります。北イタリアの都市国家に芽生えたルネサンスがその母胎になったわけですが、我が国でも江戸末期の町人（市民）の財力が明治維新において、陰の力になったことは周知の通りであります。

以上、古代中世の興亡を「聖と俗」という二元論の立場に立って顧みて参りました。長い原始共同社会（アニミズムの時代）から、聖俗の分裂と抗争、結合を経て俗（経済力）の解放を目指した都市市民の勢力が、近代市民社会を形成したのであります。

循環する人類史の第三段階
俗文化の解放と民主主義＝近代から現代へ

現代は、先進国といわれる経済的に豊かな国々が主導する「民主主義」の時代であり、我が国もまた、第二次大戦までの「現人神《あらひとがみ》天皇絶対」の時代とよく似た「民主主義至上」の時代の中にあります。近、現代社会については改めて述べることはしませんが、この時代を、「共生の史観」によって位置づければ、僅か二百年の間に、人類の生活も思想も一変させ、今の言葉でいえば「産学官の鉄の三角環」が支配する社会を作って来ました。この体制の指導者たちは「人類は進歩しつつある」という信仰に縋ってこれを死守しようとしています。

私は「実在論」において、時空を包含した実在は循環そのものであると言いました。この中で一つの個でありながら実在につながることを「自覚」できる生き物として、人間の存在価値を規定しました。このことから、我々現代人は共生史観に立ち返って、全と個、聖と俗との「融合、調和」の知恵に目醒めるべき、ぎりぎりの関頭に立っていることを自覚せざるを得ないのであります。

循環する人類史の最終段階
共生の循環に向かって

世紀末になって、ポストモダニズムの声は喧《かまびす》しいのですが、それではこの後に来る人類のあるべき姿はどんなものでしょうか。この声は単なる小手先の修正を求める小さな声では決してないにもかかわらず、これに答える姿は未だ定かではありません。

この混迷の真只中で、私は人類史の第四段階＝最終段階として、進歩史観を乗り越え、原始共同社会のアニミズムに学ぶ〔ネオ（新）アニミズム＝共生の思想と共同社会〕を提示するのであります。

この世界は、目醒めた先覚的指導者達と、自立した民衆が一体となって勝ち取るものであり、二十一世紀はその為に人類に与えられた世紀に外ならないのであります。

この中で私達の日本は、原点に立って自立し、世界人類にさきがけて、光栄あるこの道を行かなければなりません。

以下、第二部、第三部において「共生の理念」に向かう具体的な方途を、順を追って開明提示することにします。

※「共生」という人生観、世界観については、それが「思想」とか「理念」とか区別して呼んでいるのは今までにはどこにもありませんので、いわゆる定説ではありませんから、これからどのように名付けられ、分離されるかわかりませんが、少なくとも**近代社会に**

おいて、人類が置き忘れてきたし今でも気付いていない〔究極の真理〕であることを、
何時か、何人かによって究明されるでしょう。

第二部　共生の理念に基づく〔共同国家〕論

第一章　総論

共生の理念は、万物循環の原理に導かれた、人間が理想とする生き方であるということは一部第三章で明らかにした。

しかし、理念はそのままで生活の中に現れるものではない。理念は現実の生活を通してのみ知ることができる。それを知ることができるのは、人間が生まれながら与えられた「英知」という能力による。

現実とは、森羅万象が、夫々の矛盾を孕みながら、それを両立させて時々刻々、絶えることなく変化していく「循環」という「存在」のことをいう。

この中で、人間にとっての現実とは「生きる＝生活する」ということを指すのであるが、普段我々が生活していくのに、自分独りだけでは不可能である。つまり人間とは「社会的な生き物」なのである。

社会は二人いれば成立するが、その始原的なものは生む生まれる関係の母と子の共同社会である。そこから社会は拡大し、形や性質が多様化して複雑なものになる。そうなれば、個人にとって社会は束縛要因になると同時に、そこから離れることが出来ないという、二律背反の運命的な存在となる。この関係が現実にうまくいくかいかないかによって、一人一人の幸福と不幸が大きく左右される。

無数の社会集団の中でも最も強固で運命的なものが「国家」であることは誰でも認めているところである。国家の中で全ての国民は個人的には色々な制限を受けながらも、その庇護を受けて生活しなければならない「生活の場」である。

この国家という社会集団のあり方に対して「共生の理念」が働きかけ、個人と国家がよりよく生活できる国家形態を「共同国家」という。

さて、国家には、自然発生的な環境から生まれた国家にも、異質な社会が契約によって作った国家にも、国民が共通して目指すべき理想像というものが掲げられており、これを私は特に「国是《こくぜ》」と言っているが、近代の法治国家においてはこれを成文化して「憲法」をつくっている。

国是というのは大方の人々には馴染のない言葉であろうが、共同国家の憲法においては「国家の理念」であるということから、「前文」として明記してある。ちなみに現在の日本国憲法の中に、特に国是として明記されているものはない。成立の経緯から見て頷けることであるが、平和憲法とか民主憲法とか後から弁解されている。この憲法の最大で基本的な欠陥は、日本の伝統文化が欠落もしくは、排除されていることである。およそ「天皇」の存在は合理主義の西洋近代の思潮とは相容れない。ここからみても、現憲法は一日も早く日本のアイデンティティーの下に徹底的に改革しなければならないということを万人が納得するであろう。

共同憲法の冒頭には「共生の理念に基づく国是を堅持して……」と明記している。

第二章　共同憲法

前　文

日本国は、共生の理念に基づく国是を堅持して、国民の幸福な生活を守ると共に、世界の国々と相携えて、人類の光栄ある使命を負う共同国家である。

第一項　独自性と普遍性

日本国は伝統ある国民文化に深く鑑みると共に、諸外国の優れた文化を吸収して、人類の発展に貢献する。

○第一項では、日本の伝統文化に目醒め、その上で外来文化を吸収消化するという順序を示したもので、これを第一項とした理由は、現憲法下の無方向無責任な社会から立直る調和の働きを示すものであり、共同国家建設に当たって最初に着手すべきことだからである。

第二項　国民の社会参加

日本国民は、夫々の分に応じた独自で自主的な活動によって、均しく社会生活に参加すると共に、何人も国民として差別されない。

○近代社会思想から成立した偏向した自由、平等思想を正して、国民として生活する現実の場を示したものである。人間は一人で勝手に生きているのではないという現実は明らかであり、社会の中で、夫々の分（運命的におかれた場）の上に立って初めて自由と平等を得ることができる。世界の中で、国家こそがこの生活を提供できる最も有力な社会集団であることを示す。

第三項　独占排除

日本国は、国内外における経済的繁栄の独占を目指さず、また、その所産を全世界と普《あまね》く分かつべき使命を有する。

○この項を実現する為には「経済の基本認識」の転換＝共生経済＝が前提であり、後述の経済政策の箇所で明らかにする。

第四項　世界平和の維持と国の防衛

日本国は、世界各国と相携えて、人類の平和共存の為に尽くすと共に、国家の独立保全の為に、国民総防衛の権利を有する。

外国の主権を侵す武力行使は、一切行わない。

○我が国の自立と、連帯の世界秩序を目指す積極的な決意を明らかにする。現憲法下の他力本願な一国利己主義に支えられた（空想平和主義）は払拭される。但しその前に前の大戦において近隣諸国に行った空前の侵略行為について、国家としての誠意ある贖罪の実を現すことが不可欠な要件である。このことは国際関係の項で再述する。

第五項　人類の生存権と、共存再生への責務

日本国は、人類が自然界及び生物界の一員として、その恩恵を受けながら共存していることに深く思いを致し、これ等の保全と再生、循環のための責務を負う。

○この項は、世界のいかなる憲法にも明記されていない「環境主義」の根拠を為すもので

ある。ドイツまたはEUにおいて将来成文化されることを望むが、自由の国アメリカがここに至るのは至難のことと思われる。

我が国が物心両面にわたって、東洋の紳士国＝道義国家に向かう希望と決意を表明する光栄を担うものである。

※　憲法の条文は、次項以下の建設案に副《そ》って作成されることを期待し、素人の私には立案能力はないので省く。

◎　憲法と天皇

天皇と天皇制。今この国の行く末を考えるとき、これほど大事な問題に、誰も触れたがらない。

戦中、戦後世代の人々も、これから生まれてくる子孫も、日本という国の中に安らぎを見出す為に、天皇問題をどう位置づけたらよいかという、困難な思想遍歴を何時まで続けなければならないのだろうか。先の国会で日の丸と君が代が法律で国旗と国歌に決められたが、このことが国民のアイデンティティーにとってどんなに役立つものなのか。国民は戸惑い、あるいは無関心のカヤの外に置かれている。まして天皇問題などという難問に対する日本人の知的、政治的指導者の発言も態度も、か細く臆病である。

この国のこのような情勢の中で敢えて、共同憲法を作ろうとすれば、まず避けて通れないのがこの天皇問題である。

現行憲法を続けるか改めるかは、十年以上も前から国会議論のタブーになって来たが、先の通常国会でようやく国会法上議決権のない「憲法調査会」を作るという妥協が成立したが、国民の国家に対する価値観が四分五裂している中での合意はまず無理な話である。精々第九条や他の個々の条文で、保守とリベラルが華々しく？議論して決着せず、お定まりの多数決ということになるだろう。しかも何時決着するか分からないままに、国民の不安と国際情勢の目まぐるしい変化に目をつぶってである。まして最もむつかしい天皇問題に至っては、持出すだけで蜂の巣をつついたようになる。前国会に突然出された日の丸、君が代の法制化問題がそのことを証明している。

私達は一般の国民であるといえども、共同国家を目指す以上は、盛り上がる多くの先覚的知識人、先覚的政治家と、これを待望する大衆の思いを汲み取って、独自の憲法での独自の天皇論を提示する使命があると考えている。

…………………………………………………………

結論を先に提示しよう。

「天皇は、共同国家日本の国民総意に基づいて、日本統合の象徴であると定める。

天皇の地位は、何人も侵すことが出来ない国家最高のもの（地位）である」

付　則

「天皇の地位及び国事行為については内閣の発議による立法府の議決を経て、内閣総理大臣、立法府議長、監察府議長及び最高裁判所長官が署名した〔天皇、皇室に関する特別法〕によって定める」

制定の根拠について大綱を明らかにする。

独自性と普遍性＝個と全体

如何なる国家もそれぞれの個性を持っているが、我が国もその例外ではない。むしろ世界の国々の中でも際立った特色を持つ民族国家として存続してきた。

地勢的には大陸から適度に距てられた島国で国土の広さも大きからず小さからず、人口も同様で、丁度現代でいえば〔小さな地球号〕にも擬せられる。従って何千年も独立を侵されることのない、農耕を主とした自給社会、文化の国であった。この中でも「天皇」という存在は日本人の共同性と包容力の深さを示している。千数百年の間、幾多の内憂外患に晒されては来たが、時代の情勢に応じて、天皇親政、貴族制、封建制、中央集権制と統治形態は変わっても、国民統合の最高の存在であった事実は世界史上類がない。敗戦後の民主制時代においても、極左や進歩主義勢力からの攻撃を凌いで形だけは生き延びて今日に至っている。

第二次世界大戦は天皇の名において戦われ、この国を悲惨のどん底におとし入れたが、天皇が国民と思いを共にした事実は、歴史が明らかにするであろう。戦後数年間、餓死寸前に追い込まれた国民の中から派生した共産主義者等の極左勢力が、ロシア革命に学んだ天皇廃止論も、飢餓の民日本人の共感を得ることが出来なかった。更に、占領国の共和国化政策を免れて天皇が生き残った戦後史は、日本の歴史上、特異な時代であったと言えるであろう。以上が日本国の独自性としての天皇存在の姿である。この姿を私は、客観的には「伝統」と見、主観的（生活感情的）には国民の天皇、皇室に対する「敬愛の情」と見ることができると思う。殊に民族的な伝統の根強さ、これへの国民の安堵感は、無理な外圧によって安直に変えられるものではない。伝統とは個人に例えれば身体そのものであり、政治形態は着物にも相当するものだからである。しかし反面、国民感情とか、伝統への過度な傾斜は国の大事を誤る凶器になることも歴史の教えるところである。

日本は現在、世界に開かれた民主国家であり、経済大国である。それと共に、政治的にも人類が違いを超えて一つになるという理想＝普遍性を背負っている国である。この中で〔普遍性〕とは何か。私がくり返し強調したように、それは思想としての人間中心、個人中心に行きついた進歩主義であり、科学と経済万能の物質主義である。この思想が真に人類協調の普遍性を持っているものと言えないことも明らかである。日本は一日も早くこの物質中心主義の偏向を克服しなければならないが、その方法を物理的な闘争や外圧に依存することは、共生の理念に基づく日本の国是に反する。嘗ての日本が、大陸文化を受け入れて日本の伝統に同化し、より高く豊かな文化を築いてきたことは、共同的民族国家日本の長所である。更に西洋近代の物質文明も、民主主義も、価値観も、二十世紀の百年間に浴びるほどに受け入れ、またその優秀なエキスの恩恵に浴してきたことも事実である。共同国家日本はこれをいかに消化し、いかに役立てるかを今問われている。激動の中を生き抜きながら象徴天皇を戴くことを誇りとし、確認しよう。

絶対矛盾的自己同一＝共生の融合

このように見てくると、今の日本は、伝統と国民感情が一体化した非合理な面と、合理性に立脚した民主主義というグローバルスタンダードの面とが渦巻くこの島国の中で、方向を見失ったようにさ迷う、世紀末現象を見せている。

もはや結論はいうまでもなかろう。絶対に矛盾して相容れないものを融合統一するという「共生」によって再生される「共同国家」こそ、天皇を何物にも換え難い「象徴」として戴くのに最も相応しい、安定した、理想に近い国家であることは明白である。

くどいようだが更に、国家統合の元首（象徴）として、大統領制がよいか、天皇制がよいのか、「民権国家日本」の立場から証明しよう。

北欧には、伝統的に国王を国家元首として戴いている国が多い。フランス、ドイツ、イタリア、アメリカは早かれ遅かれ、または初めから大統領制の国である。その性格も位置づけも皆違っている。共産主義国家の北朝鮮、キューバ、中国等それぞれ名称も性格も微妙に違うけれども、国家元首のいない国はない。

現在の日本で、時代の進展に取り残されたものという見方から、仕方なく天皇を戴いているという意識があるとすれば、民主主義の社会原理?・から言えば正論であろう。およそ民主憲法の前文に天皇を戴くということは、どう考えても理屈に合わない。第九条と自衛隊との矛盾どころではない。徹底した妥協であり、嘘である。それでも一歩譲って、ないよりはましだからとか、国民が親しんでいるし文化財的な価値が勿体ないからとかいう、触らぬ神にたたりなしという憲法観を放任しているとすれば、日本という国家は全く主体性のない「動物国家」または「精神的奴隷国家」と言われても仕方があるまい。民権とか、民主などという言葉の、何と軽薄なことであろうか。

それでは妥協を排して、思い切って天皇をやめて、先進国またはアメリカ並の大統領を選挙で立ち上げたらどうなのか。それは想像に委ねるが、民主主義も西欧から輸入して、汗も涙も、血も流さずにその恩恵だけを貫い、今また一切の伝統もこの国の希望も捨てて行けるだろうか。これを確認したい。保守でもいい、革新でもいい、このことに責任と自信をもって答えてもらえれば幸いである。

日本の憲法はそんなに短絡的なものであってはならない。日本も一つの国家にすぎないけれども、自ら立ち上って世界に範を示せる共生の理念に基づく共同国家の象徴こそ、天皇そのものであることを、一日も早く内外に宣言しようではないか。

第三章　政治建設

共同国家においては「国民の自由意志」が最大限に反映され、国民もまた自分の「義務」を十分に理解してそれを果たすことが出来るような制度が整備され、またその制度が円滑に運営されなければならない。その為にはどうしたらよいか。

これを適《かな》える為には第一に、入り口としての「選挙制度」、第二に確認、改善としての「監察制度」を柱にした大変革をしなければならない。そこでまず、現行の民主的代議（議会）政治の機構、運営が十分に行われているか否かを検討しながら解説に入ろう。

○　選挙制度

ある指定都市の市長選挙で、

投票率　三二％

当選者の得票率　六八％

従って全有権者に対する得票率二一％で市長に選出されている。この外の首長選、議員選でも大同小異のものが多い。無投票当選というのも相当多い。単純多数決の民主制の下ではこの選挙は無効といわなければならない。

こういう安易な方法で選ばれた選良がどんな人達なのか、これらの人々が集まる政党というものの「質」について想像してもらいたい。選挙というものに、この世で考えられるあらゆる悪徳がついてまわる所以である。この人達が、世界有数の頭脳集団である霞ヶ関官僚を使いこなせるか否か、もう一度真剣に検討してみようではないか。

こうして選ばれた選良達が「国権の最高機関」を構成して、官僚に媚びへつらって政権をほしいままにする。この制度は選挙に勝つ為に政権を取り、身の栄達を図るために政治を行うという悪弊の温床と化してしまう。

更に奇怪なのは、選挙の仕組みを、選ばれる議員が決める制度である。泥棒が十手を持つとまでは言いたくないが、角力で言えば、土俵の大きさや形を、力士が決めるようなものである。これでは永久に選挙は正しく行われない。現行の選挙の欠陥については、一冊を費やしても足りないので、早々に「共同(的)選出法」に入らなければならない。

○監察制度=四権分立

その前に現在の法治国家が採用している、国の最高機関=三権分立にかわるもう一つの機構について簡単に説明する。共生の理念によれば、人間は性善でもあり性悪でもある。その明確な姿は「民衆=大衆=マジョリティの生活」そのものに現れている。国を導く政治家や職業としてその指導下で働く官僚もまた、その姿を映している。国家も共同国家を建設するには、悪なる性を純化して絶えず生活の中で融合調和しなければならない。この原理を制度化したものが、行政の出口と次への歩みを確実にする「監察機関＝監察府」である。この機関は全国民の「調和の英知」を結集した、理想と現実を結ぶ画期的な機構であることを前置きしておく。

行政には、多岐に亘る分野があり、その進め方・処理の仕方を監察する機関がある。例えば会計検査院である。ただこの仕事は役所が役所を監査するので、どうしても身内意識に支配されやすい。その結果、国民への開示が不十分になり易い。勤務状態、機構の改善、勤務の適正化、経費の節減等に十分な機能を発揮することが不十分になるのは、理の当然である。この監察業務を、国民が直接選出した最高機関に格上げし、四権分立とするものである。四権分立は共同国家にまで高められてこそ理解され、働く、理想的な制度である。

第一節　共同的選出制度

①　国政指導者選出機関

②以下に述べる国権の最高機関とは別にこれから独立した「選出に関する一切の権限を有

し、その全てを司る機関」である。（下部組織は現行のものに準じ、これを強化する。）

・選出機構は最高委員をもって構成する。

1、法曹界から　一名

2、学術、文化団体から　一名

3、経済団体から　一名

4、報道界から　一名

5、総理経験者（全員）　一名

6、立法府、監察府、最高裁判所の議長、長官経験者　全員

推薦された者について、国民の直接信任投票を行い、八〇％以上の信任によって確定する。

再選も妨げない。

委員の任期、欠員補充、兼職禁止、終生生活保障、下部機構等は未定。

②　四権機関の構成者及び選出制度のうち、（行政機関、政府の長）＝総理大臣及び副総理大臣

行政の最高機関（＝政府）は総理府である。総理府は、総理大臣及び副総理大臣二名を以

て構成し、国民が直接選出する。
・被選挙人の資格は、立法府議員及び都道府県知事とし、立法府議員及び知事をもって第一次選挙を行い、上位二組の中から、国民の直接選挙によって選出する。
・候補者は三名一組で一括とする。
・立候補の年令は五十歳以上とする。
・任期は五年とし、三選を禁ずる。

③　立法機関（立法府）

国民の直接選出による三百名の議員を以て構成する。
・選挙は二段階とする。
・第一次選挙では、人口千人単位の「選挙人推薦区」から一名の選挙人を選出する。
・立候補者は各選挙区を管理する選挙管理事務所に対して、本人の経歴、意見等について記入提出する。記入事項は、選挙区内有権者に公報する。
・全国を平等な人口割に一〇〇選挙区とし各選挙区から第二次投票の結果、上位三名をもって最終当選とする。

・第一次選挙人による投票によって六名を選出し、第二次選挙に移行する。（この際、第一次選挙の得票結果は公表しない）

・有権者は、選出するための可能な限りの便宜を受ける権利を有すると共に、投票によって国政に参加する最も重要な責任（義務）を負う。すなわち、有権者がやむを得ない事情なしに棄権した場合は、次回の国政選挙権を失うと共に、国家が個人にあたえる便宜供与の一部を制限される。この権利と義務は、国政選挙の全ての場合に適用される。

・第二次選挙に当たって投票率が八〇％以下の場合は再選挙を行い再び八〇％にならない場合は、当該選挙区からの当選者はなくなる。

・選挙は全て公営とし、立候補の選挙運動は選挙規定の定めるところによる。特に候補者は選挙区の利益誘導等、国政全般に関する以外の意見発表及び行動をしてはならない。

・国政選挙権は十八歳以上の者から、「公共奉仕活動」を終了した者に与えられる。

・被選挙権は三十歳以上。

・議員の任期は四年とし、再選を妨げない。

・第一次選挙における選挙人選出規定は別に設けることとし、選挙を行う為に受ける損害及び費用は、一定の規準に従って国家補償を行う。

④ 監察機関（監察府）

概ね立法府の選出に倣うが、特に異なる点は次の通りである。

・立法府議員の選挙区のうち、隣接する四つの選挙区をまとめて一つの選挙区とし、各選挙区から男女一名を選出する。（全国で七十五選挙区）

・第一次選挙における選挙人は、人口四千人当たり、男女各二名とする。

・第二次選挙の投票は男女別に行い、第一次選挙の当選者男女各二名のうち、男女各一名を選出する。

・任期は四年とし、解散はない。

※ 以上三機関の選挙は全て公営とする。

※ 立法府、監察府の議員が政策集団や政党を作ることは自由であるが、公費の助成は一切行わない。

⑤　司法機関（裁判所）

・選出方法は現行に準ずる。

第二節　共同政治の機構と議決運営

①　立法機関（立法府）

・議長、副議長各一名は立候補者に対して、出席議員の三分の二以上の賛成によって一括選出する。

議長、副議長に対する不信任は、過半数の動議による、四分の三以上の賛成によって成立する。

・すべての会議は、議長が許可した欠席者を除き、議員総数の十分の九以上の議員の出席によって成立する。

・政府提出議案及び議員立法議案の採決は、出席議員の過半数の賛成によって成立する。

但し、過半数に達しなかった場合でも、議長が必要と認めた議案は、一度に限り再評決することが出来る。
・大臣に対する解職決議は出席議員の過半数によって、また総理府に対する不信任は、出席議員の十分の九以上の賛成によって成立し、総理大臣及び副総理大臣は解職される。
・立法府の自主解散は次の議決による。
(1)議長が、立法府の正常な運営が不可能と判断し、三分の一以上の賛成を得たとき
(2)議員の三分の一以上の動議によって、過半数の賛成を得たとき
・議会事務局に、行政府各省庁の政務に通暁する専門職員をおく。
・議員が刑法にもとずき送検されたときは、その日から登院が禁止され、一ヶ月後に議員の職を失う。但し検察審査会の決定により不起訴となったときは直ちに職務に復帰する。また、正当な理由がなく欠席したときは議長の訓告を受け、屡々《しばしば》または長期に及んだときは議長の裁量によって解職される。何れの場合も補欠選出は行わない。

※　現行法にない「共同法」の特色長所
・立法府、行政府、監察府の相互不干渉によって、その独立性を高めた。
・議長の権威と裁量を大幅に強化した。
・議員の使命感と能力の強化を図ると共に、私利を離れて国事に専念できるように、任期終了後においても元議員としての尊厳を維持し、国民の師表であり続ける為に、国家の

名においてその社会的、経済的保障を行う。
例……称号、社会活動への支援、特別功労年金……。

② 行政機関（政府）

・行政の最高機関を総理府とし、その業務を執行する為に内閣を組織する。
・総理府は、国民の総意によって選出された総理大臣及び副総理大臣一名を以て構成する。
・副総理大臣のうち一名は、常に総理大臣の業務を代理し、総理大臣事故あるときは、任期中これを代行する。
・他の副総理大臣は、各省庁の日常業務を統括執行する。
・副総理大臣のうち事故あるときは、総理大臣が後任を任命する。
・総理大臣は各省庁の大臣を任命する。
大臣は内閣を構成する。

大臣は原則として立法府の議員から三分の二以上を、また、女性から四分の一以上を任命する。
・総理大臣は立法府及び監察府の解散権を持たない。

※総理大臣を直接選出制として、行政執行における権限と責任を明確にした。

③ 監察機関（監察府）

・監察府は、行政、立法、司法の執行状況を常時監察して、その的確迅速な運営を図らせ、その結果を国民に開示すると共に、各機関の責任において処置させ、報告をうける。
・各機関の報告が、監察府の機関承認を得ない場合は、その事業は停止され、次の承認を得なければならない。
・議長、副議長の選出、その他の運営及び議員に関する事項は、立法府のそれに準じて制定する。
・下部機構に、情報収集、現場処理、監察の為に、他の三権担当の監察院を設ける。また地方に他の機関から独立した出先機関を設ける。
※この機関は、共同（社会）国家の国是から必然的に導かれた、最も完備した最高機関であって、四権の一角を占めるに値する機関である。現行法の中で、行政官庁の一部が担当する業務を国民の総意によって、政治の全般を監察する制度は、共同国家の持つ画期的な面を具体化したものである。

④ 司法機関（裁判所）

現行の制度に準じて次の四つの要項を加味する。

・裁判の抜本的な迅速化、公開制を進める。

・死刑を廃止し、これに代わって、恩赦、仮釈放のない、特別終身刑制を設ける。

・刑事裁判が確定した場合、被害者に対する保障を強化する。

・最高裁判所に一審制の憲法法廷を設ける。憲法法廷の判決は、他の三権機関の業務を優先拘束する。

第四章　経済建設

序

第一部において私は「共生の理念」と「共生史観」について説明した。それを参照しながら、そもそも経済とは、人間の生活と人類史の中でどんな役割を果たしているのか、果たして来たのかということを、もう一度立ち返って考えてみたい。

今の文明社会において、特に、人間が走りやすい傾向は〔物欲―所有、消費、快楽、支配欲〕であり、これらを一括して私は、人間に元来内在している「物」の世界であると規定した。

これに対してこの欲望の行く先は、有限なものを無限に奪い合おうとする無益な世界であることを感じて、これから脱却しようとする「心」の働きがあって、この両者が反撥し、また補い合って来たのが人類史であるとも述べた。

このような歴史の展開の底にあるのが、物と心という矛盾したものの対立から、ある時期には物が優先し、あるときは心が物への欲望に打ち勝ってきたことを、歴史の中で明らかにしたのが「共生史観」である。この中で唯物史観の誤りを指摘し、原始共同社会＝アニミズム（万物精霊の信仰）社会を一つの理想社会＝幸福な社会とした。

共生史観から言えば、現代は第四段階であって、共生の世界に至る過渡的な時代であり、二百数十年間続いて来た近代の末期の時代であり、人類史上最も短期間の間に極端に至るまで〔物偏重〕に傾いてしまった末期なのである。このままで放置すれば、人間に与えられた「英知」は抹殺され、人類は嘗てない不幸に陥る可能性があると指摘しているのである。しかも、人間が今まで絶対に信頼し、あこがれてきた〔科学・技術〕の発達が、人間の英知によってはコントロール不可能なまでに巨大化しつつある状況に対して、今こそ全ての英知を結集し、対策を立てなければ、永遠に取り返しのつかないことになるということである。

我々は「物」偏重の生活から、「心の復権」を目指して新たな旅に出なければならない。

それでは、「共生への旅立ち」とはどんな旅立ちなのか。それは、「新党さきがけ」が立党以来掲げてきた「質実社会＝質実なくらし」ということに尽きる。私は宮沢賢治を共生の申し子、共生への使徒」であると信じている。この世知辛い政治の世界で、世情に逆らって質実を政治理念にまで高めた、青くさい政治集団は歴史上他に類をみない。

私が「質実」を敢えて経済建設のキーワードに掲げたのは、こじつけではない。歴史の必然が教えるところだからである。

第一節　経済の原理と現状分析

私は経済学の門外漢であり、金儲けの事業でも失敗した落伍者であるから、経済学者や事業家から叱られることを覚悟の上で、第三者的な生活実感から現代経済の基本の形について論証してみようと思う。これなくては何の対策も立てられないからである。

現代経済の姿を、一つは原理面から、もう一つは現代経済の実態の面から、二つの柱を立てて真相を突き止めたいと思う。

…………………………………………………………………………

地球上の生物は一般に、必要なものを自分で獲得する（経済語でいう自給自足）のだが、不足の場合は同種の他から貰うか奪うかで、必要を満たしている。人間も同様で、「経済」というのはこの活動のことである。

母親が我が子に乳を与え、身を賭してまで育てるということは動物も人間も同じだが、人間の生活では、社会というものが広がり、それにつれて個人同士とか集団の間で、余裕のあるものを他に与え、不足なものを求める為に、物の交換が行われる。貨幣がない原始社会の物々交換である。

そうなると第一に生産、第二に交換という経済活動が生まれ、第一が強くなれば第二も発展し、第二が盛んになれば第一も恩恵を受けて活動が活発になり、経済が発達するというのが歴史の教えるところである。

この場合、交換という経済活動にとって欠くべからざる「等価原則」というものが発生する。物々交換では、その都度、異質な物同士を交換しなければならないので、一定の物差しをつくって便利にしようとする。ここで異質なものを等価で交換する手段としての「貨幣」というものが生まれてきたのである。

ところがこの「等価」ということを精確に決めることは不可能なことから、この価格の査定に誤差＝隙間ができる。この誤差は場合によって大きくなることもあることから、低い価値の物を高くし、高いものを低く評価してその差額を利益として取ろうという、専門の産業（商業）が派生した。この商売は自分では生産しないで、価値の差を利用して利益をあげるということで、早くは数千年前からエジプトや中国でも芽生えていたといわれ、時の王朝権力と結びついて富を蓄え、時の政治をも左右したという事実が記録にも多く残っている。中世において、宗教的世界観が強くなった時代には、西洋でも日本でも、〔働かないで利益をむさぼる賤しい職業〕であると蔑視されたのも、西洋中世と日本の封建時代の世相を貫く共通した特徴である。

従って現代の進歩主義的歴史観によれば、中世は宗教観、道徳律によって固定化された身分制社会であるとしているのも一面の真実を言っているものである。それにもかかわらず、中世の封建社会は、不自由不公平を身分制が権力によって抑えきれなくなった社会的、政治的動機と当然向かうべき人間の欲望を無理に閉じこめようとした矛盾という二つの要因から、市民革命が勃発し、水が低い方に流れるように、当然の結果として今日の民主社会体制が作られたという事実を誰も疑うものはあるまい。

この経済活動の究極の姿というのが、二十世紀末の、「経済のグローバルスタンダード＝経済の国際化（金融支配体制）」ということになったことを銘記しなければならない。この実情は、余りに複雑広汎で私のような経済音痴は、勿論、専門家でも全貌を掴むことは至難な時代相であるから、その一切には触れないことにする。

第二節　共同経済体制へ

①　何故、共同経済なのか

自由主義的資本主義経済というものが、

一つには自由、平等、友愛という市民革命の理念と二つには民主主義という社会体制と共に、三位一体となって、現代世界を覆いつくしている。従って資本主義経済の思想と体制に代わる経済に勝るものはどこにもないことになっている。

ところがこの世紀末になって、経済の面だけでなく、価値観、社会体制を一括した現代社会に対しての不満、未来への不安というものが、先進国の中から吹き出しつつあるのも、事実である。この動きは一つは専門家、知識人、ジャーナリズムの間からだけでなく、遙かに広い一般大衆の生活感覚からも、アジアを主とする、異質で古い伝統文化を持つ地域国家からも、静かに、時には反逆的に現れていることを見逃すわけにはいかない。この声は、嘗て二十世紀はじめに起こった反資本主義革命、マルクス主義への熱狂的で科学的といわれる信仰と比較して、極めて穏やかで小さい。

その理由はともかく、人類の在り方をより巨視的に捉えた「共生史観」に立って見れば、物と心の基本的な矛盾を統一した、循環して行く流れの側面であることがわかる。その上で共生の理念から出た「共同経済」への俯瞰がくっきりと目前に展開出来るのである。このことを前置きして、経済の立場から、これからの世界を文明論的に描き出そうとしている、フォーラムとリポートを紹介しておこう。

……………………………………………………

九九年十月十六日、二十一世紀に向けた資本主義の在り方を探る読売国際会議「資本主義

が生き延びるには――市場経済の限界を超えて」が開かれた。……読売新聞十月二十一日所載から

出席者は

アメリカ　・基調講演、コロンビア大教授　J・バグワティー氏

　　　　　・パネリスト、元国務次官補　R・ホーマッツ氏

ドイツ　　・パネリスト、元社民党党主　元蔵相　O・ラフォンテーヌ氏

マレーシア・パネリスト、戦略国際問題研究所副所長　S・レオン氏

日本　　　・パネリスト、元国際金融局長　慶応大学教授　榊原英資氏

　　　　　・統括講演、元大阪大学教授　劇作家　山崎正和氏

新聞記事二ページにわたるフォーラム要項をまとめると、概ね次の傾向が見られる。

先ず、九〇年代に入って、ソ連崩壊後、社会主義経済は完敗して、自由経済しかないという大枠では一致しているが、アメリカ、ドイツ(EU)、マレーシア、日本という国の国情に応じて進め方に相当の違いがあることが判明した。

・アメリカは資本主義の総本山であるから、アメリカ政府の政策責任者であったホーマッツ氏によれば「自由主義経済こそ我々の生活を高める最良の手段であり、各国の政府(主権)は、グローバルな市場(金融市場)が、より効率的に機能できるように支援すべき

だ」という世界戦略に基づいて主張している。

これに対してバグワティー氏は、より自由で政府の政策に拘束されない見地から「民間の自由な金融市場による利益追求だけを野放しにせず、政府はそれをきちんと監督すべきだ」とたしなめている。何れにしても、自由主義経済の総本山として、この体制に絶対の自信を持っていることでは共通している。

・次にドイツ（ＥＵ）のラフォンテーヌ氏になると、アメリカに対してドイツまたはヨーロッパの独自の資本主義を主張している。「為替の変動やヘッジファンド等によって、短期的に各国の経済が左右されないように〔投機的資本の無制限な移動を規制すべきだ〕。ヘッジファンドとは人から金を借りて、カジノで遊んでいるようなものだ」と、アメリカ的自由放任の金融政策にやんわりと注文をつけている。この発言の裏には、大欧州統合の成功を信じ、アメリカに負けない経済圏をつくるという、願望が見えかくれしているようである。

・第三のマレーシアのレオン氏は、「マレーシアにはマレーシアの独自の行き方がある」と広言して、ＡＳＥＡＮ随一の独自の国造り、経済運営を強行しているマハティール首相の秘蔵っ子であり、また国際人であるという特色ある主張をしている。

マレーシアは九七年から始まった経済危機から、ＩＭＦの緊縮と不況をもたらす強引なお節介を拒んで見事に立ち直った。本年は五％の成長を見込めるようになった。〔金融のグローバル化の中で、国家の経済開発は各国の文化的文脈の中で〕行わなければならないと主張し、意欲と自信を示した。

・日本の榊原氏は、アメリカ的自由主義経済の旗の下で、未曾有の繁栄を続けて、ヨーロッパを凌ぐ経済（金融）大国になった中でも、マレーシアや中国等に代表される〔アジア的文明〕の中での発展にも注意深く配慮している。《日本も同様だが、各国の金融政策を含む経済の構造改革は、激変に対応しながら、〔独自の文化、国情を背景にして〕進めなければならない》と弁明して、欧米先進国とアジアの途上国との間にあって、その調整を図りつつ繁栄する日本の責任と自信をやんわりとしかも力強く宣言している。この発言は現実で、未来の文明論について〔新世紀への構造改革＝進歩から共生へ〕という著書に見られる改革論については、匂いはするが中身は見えないという程度のソフトなものである。

以上のパネリスト達の共通点と独自性を踏まえて、山崎氏の総括講演は次の通りまとめている。

見出しは「国家と市場の分裂進む」で、世界経済は資本主義体制で進む以外にはないが、この体制も二百年を過ぎた現代では、金融のグローバル化という、マンモスが闊歩して他の経済が踏みにじられるようになり、余りに巨大化した体制に、今や多くの歪みや困難な事態が起こりつつある。それは一つには、国家と市場経済との衝突だ。マクロ化した自由経済は、国民の福祉、世界的な環境問題における国家の役割、治安維持の面で、国家の政策と両立しないようになってしまった。第二は人権思想が普遍化して、古い伝統国家が融解されて、他民族や文化との共存を余儀なくされるだろう。その裏側では契約国家でくられていたエスニック（民族）や地域社会のような小集団社会（筆者註、今言われている分権国家＝地方自治）が社会の単位になるだろう。第三はグローバル化に反する口コミ経済＝サービスに向かう動きだ。自給的な農産物や域内交易、医療介護、教育娯楽等の分野で、肌で触れなければならない経済を放置することは不可能だ。

このような分裂現象だけでなく、〔世紀末シンドローム（症候群）〕と言うべき、人間の価値観＝生きがいからのパラドックス（反論）が広がりつつある。それによれば、今の経済はゴールのない金儲けや、健康至上主義、冒険心の欠如など、希望も夢もない行き詰まりだ。また、科学技術の発展もその方向性がゆがみ、今や事態は文明そのものが難しい時期に来ている。「理想的な青写真」を描くことは不可能だ。だからこそ、冒険心を奮い立たせ、微妙で柔軟な知性をもって、個々の判断を行うことが求められよう。

以上が現代一流の経済知識人指導者達のディスカッションを私なりにまとめたものである。

問題はここから始まる。山崎氏の「理想的な青写真はない」という結論に対して、更に一歩進めなければならないということである。このシンポの裏に秘めた榊原氏の『進歩から共生へ』という著書については第一部でも触れたが、その道こそ経済面における「共同社会の中の（共同）経済建設」なのである。

次に、より短文で経済論から文明論に至る読売の記者署名入りのリポートを紹介する。前掲のシンポジウムから四日経った十月二十日の読売「二十世紀、どんな世紀だったのか」に、「政治、社会、新保守の潮流」と題して。

八〇年代に中曾根、レーガン、サッチャーの政治姿勢が新保守主義と呼ばれた。それはケインズ経済政策を否定して、国際化、小さな政府による自由化、福祉政策の見直しなどを伴うものであった。九〇年代になると、グローバリゼイションによって欧州、東アジアに国家的な経済の激震が訪れた。これに対応して、欧州では逸早くイギリスのブレア首相が、経済成長を持続しながら一方で、福祉増進、完全雇用をめざすという〔第三の道〕すなわち、中道左派路線を打ち出し、またEU加盟十五ヵ国のうち十二ヵ国がこの路線にシフトしている。一方、弱体の経済の中でグローバリゼイションの高度成長を続けていたアセアン諸国は手痛い反動を受けて大不況に陥り、未だにその渦中にある。

我が国はレーガノミクス、中曾根路線で積み残した〔小さな政府への行財政改革〕の道を不況の最中にもひた走って情況を悪化させ、橋本政権が瓦解した。小渕政権は、基本方向では、小さな政府、規制緩和、国際化の道をとりながらも、当面する不況脱出の為に、赤字財政、リストラという、十年前のアメリカの政策を踏襲しつつある。アメリカでは最小限、短期の不況を克服して現在の長期繁栄を勝ちとったが、我が国では未だに成果が判然とせず、財政赤字は益々膨張するばかりという苦境から抜けきれないでいる。

ここで京都大学佐和隆光教授の言を借りれば、「我が国もサッチャー・レーガンの市場主義を取ってきたが、その結果、金融市場の力は暴力と化しかねないことを知り始めた。それは貧富の格差、医療福祉の混乱、教育の荒廃、自然破壊等の発生などだ。市場経済が暴力にならないように制御しなければならない。市場万能主義に政治がどう介入できるかが二十一世紀の政治の大きな課題ではないか。」ということになる。

自由主義市場経済がグローバルな国際金融の暴力を伴って、この世紀末になって世界中を荒らしまわっていることを、前の山崎氏と同様に佐和氏も認めている。政治（国家権力）がこれをどのようにうまく制御できるかという最後の問題を残して、両氏の総括、結論が終わっている。

このことは単なる経済の域をこえて、国の存立、国民国家の社会生活をも根本的に支配する大問題として、私達一般庶民の生活のあり方につきつけられているのである。この問題を根本的に解決して、人類社会の再生を図ることができるだろうか。

共同〈主義〉経済は二つの処方箋によってこの難問を解消したいと思う。事柄は社会体制、生活の感覚等を包含する人間の生き方、価値観を理解することから始まる。

②　自由主義経済を金融支配から解放する

「自由主義経済体制の必然性と優位性を確認すると共に、共生の理念にもとづく、〈最大多数の民衆が満足で生き甲斐のもてるルール〉によって共同社会の経済に誘導する」長たらしい名前になったが、要するに、現在の野放図な自由主義経済を、より高度な共同〈主義〉経済に誘導する為の〈基本の道〉ということである。

共生の思想では「物」と「心」が調和してよりよい人間の生活が可能になることは述べた通りであり、その観点から「共生史観」についても既に明らかにした。

本論に入ろう。

共同経済の大原則は
「人間は経済だけで生きているのではない。心と物が調和した、満足できる生活の為に役立つ経済体制を建設する」ことにある。また「共同経済は、フロー〈金〉がストック〈物的材料）の手段である。という、逆転の経済を建設する」ことにある。

この原則から次の三つの政策を打ち出す。

1、生活に必要な最小限（ミニマム）の需要を算定し、この上の付加価値を調整する。

2、ストックは完全リサイクルをめざし、次世代に引き継ぐ。

3、科学技術を、現在の原始的な破壊への隷属から解放し、人間の知恵に導かれた、建設的で光栄ある役割を与える。

4、人間同士及び他生物と共有し、個人間の極端な物的支配と極端な困窮をなくす。

その為に緊急に必要な施策は、

1、為替の変動相場制に対して、期間を限定して国のファンダメンタルス（経済の総合能力）に応じ、基軸通貨（ドル）への交換比率を、上下限制限帯の範囲内で安定させる。変動相場制の中で、内外の金融資本が、暴力的な金融操作によって経済を歪めることを防止することにある。円が未だ強い今のうちに、できるだけ早期に法制化する。

2、それと共に、ドル、ユーロと並ぶ、日中韓の共通通貨を、できるだけ早く作る為に行動を起こす。

続いてアセアン（東南アジア諸国連合）を含めた、東アジア共同通貨圏を形成し、二十一世紀中期までに、世界の三大通貨圏体制を目指す。

円と元とウォンの通貨統合に際しては、日本が金融面で圧倒的に優位な立場にある以上は、日本が負うリスクは覚悟しなければ出来ないことは自明である。それを覚悟の上で、現在世界一の金融（フロー）国家である我が国が先導することによって初めて可能であり、長びけば長びくほど実現は困難になる。

このアジア（東アジア）通貨統合への指向は、嘗ての日本軍国主義とか地域エゴとは全く反対のものであり、共同国家日本から発信する経済体制である。中国、韓国としても、受入れやすい土壌を備えていることに自信を持って断行しなければならない。

――円、元の通貨統合に関しては、大内秀明東北大名誉教授が、経済専門の立場と、文明論者としての見通しに立って、早くから持論を展開していることを付記しておく。――

戦後五十年経って変質し、歪んでしまった国際連合の実体を見るにつけ、口先だけの国連中心などでなく、真の国連中心の世界秩序をめざして、金融先進国自身がまず自己改革をし、最初に担うべき、崇高な役割であることに目覚め、遂行しなければならない。

3、株式市場を本来の姿に誘導する。

上場企業の株券は記名式とし、株主は企業の配当金を受けることを目的とする。そのために企業は経営内容を公開し、会社を整理する場合は、公課及び社内必要資金を差し引いた残金を株主への清算優先とする。

株券の売買は、額面との差額を一定割合（例えば一〇％）以内とする。
外国企業への投資は従来に準拠する。

③ 地域自給経済とグローバル経済との両立

自由主義市場経済を金融の暴力から解放して健全化することは、緊急の課題であるが、それだけでは本来の経済には程遠い。もう一つの柱（オルターナティブ）を立てなければならない。それが、「地域自給経済」であり、この両方が独自性を持ちながら相補って共同経済体制の枠組みが決まる。

範囲を国内に限ってみれば、全国や多くの地域に跨がる経済活動と、主に地域内だけで活動するそれとに大別できる。その場合、②にあげた「ストック経済をフロー経済から解放する」という政策は、全国組織の巨大企業、資本を主なターゲットにすることであり、地域内経済活動は、日常生活に密着した、いわゆる「顔の見える」共同、互助意識が強く働く、もう一つの経済活動の場である。

特に自然物を直接生産し、消費する農林漁業に従事する人々とその社会では、経済生活においても「自給と互助」という生活が身についている。実際、この生活こそ「人間の暮らし

＝共同生活」の原点であるが、詳細は、第五章の社会教育問題の中で更に究明する。

具体的には二つの側面がある。

第一の側面は、現にある「協同組合」の組織を抜本的に再編し、地域住民が安心してこれに参加できるように運営することである。まず一定地域の生活協同組合、農業漁業林業協同組合、労働金庫、共済組合を合併してこれを四つの専門分野に分ける。

a、生産、流通と消費を担当する部門

b、預金と融資を担当する部門

c、生命、物件の保険を担当する部門

d、エネルギー、環境保全と改善、完全リサイクルを担当する部門を新設

四つの専門協同組合は、互いに連携しながら全国組織に結集して大企業の物流、金融から地域自給経済を守る。また遠からず合併して再編される強力な市町村や州政府と表裏一体になって活動する必要がある。

第二の側面は、協同組合とは別に、地域内で自由に活動する中小企業、住民の為に

a、商工会、商工会議所の活動を活発化する

b、中央大企業の系列、下請けから独立した同業種の横の組織、例えば大工組合、クリーニング協会など……。

c、信用組合、信用金庫
地銀、第二地銀は都市銀行との中間にあって、独自性を発揮できるように再編、強化する。
d、消費者だけの団体＝企画、相談

以上二つの側面から「地域共同自給経済」の強化を実現するのが本旨であるが、次章の社会文化の面から考えても、共同社会は「近くから遠くに及ぶ」という自然法則に副ったものである。

このことから、人間の生活の中で最も基本的な、最も身近な「規律の要らない規則」の中で、理論的には完全に矛盾する側面を調和して、何の異和感もなく生きるのが、自然で幸せな人生を送る所以である。そういう風潮とか、伝統のような組織が今でも僅かながら生きている。主として農山漁村に残っている「クワガラ」「ユエ」「頼母子講《たのもし》」などと言われる組織は戦後しばらく普通にあった。今でも沖縄の海辺や和歌山の山里に色濃く残っているという。(多辺田政弘外三名著『地域自給と農の論理＝市場の論理から共生の論理へ』参照。)この中で、現代文明社会の末期現象を呈している巨大都市から帰巣する〔帰農農家〕が増えているという事実が、未来社会の姿を示唆していると言えるのではないか。

理論上、自由と平等は、経済生活において矛盾するというのが常識であるが、ここ二百年余りの近代民主社会は、自由が先か、平等が先かの間を揺れ動いてきた。平等を徹底的に重視した共産主義の社会体制がこの二律背反の原理に逆らって敗北し、自由主義経済が勝利したように見えるが、それは、窮極の勝利でなく、遠からず行き詰まることはここ数年の間に内外の識者が強く指摘して来たところである。ヨーロッパでは今その反省から、社会民主主義の政治が主流を形成しているが、この現象は決して偶然なことではない。それでは社会民主主義とか修正資本主義でうまくいくのかというと、これも決して容易な道ではない。我が国ではどうか。バブル経済〈通貨金融が実物経済を支配する虚業経済〉が崩壊した今、この後遺症の深刻さに悩み、元の状態に復帰しようとして、政府主導、金融界財界と官僚がこれに縋りついて、国民の借金である赤字を垂れ流すこと既に五十兆円になろうとし、公的赤字の累計は六百兆円を超えてしまっている。

三つの政党寄合いの巨大与党と小渕政権が、〈何時か来た道〉に帰ろうとして、先の見えない舵取りに懸命だったが、半分は見果てぬ夢に終わり、あとに残るのは、中途半端で乱雑な体制と膨大な借金ということになることは間違いない。今の政党政治と国民思潮をそのままにしては、誰がやっても大同小異にしか終わるまい。

これを抜本的に改革し、安定と希望を見出す道は、草の根の地域経済に立ち返り、一切の方向を、最も現実的で最も緊急な〈環境経済〉に転換させるというのが結論である。〈環境経済」への具体的な処方箋は今ここで専門的な検討に耐えられる資料を整理しているわけではなく、環境主義を理念として基本政策に掲げる指導者と政治集団に期待するだけであることだけを付記しておきたい。

第五章　社会、教育建設

序

日本人の戦後の生活は、戦前の国家統制から解放されて、嘗てない自由を保障され謳歌してきた。それから五十余年を経て、歩いてきたこの道が果たして本物であったかどうか、ようやく振り返ってみる機運が醸成されてきた。

この戦後を見直す機運をもたらしたものは、高度経済成長の七〇年代にはみられなかった、そしてここ十数年の間に顕著になった「異常な社会現象」である。

何不自由のない富裕なエリート家庭の中で起こったスキャンダル、あるいは親子殺人、オウム真理教のようなエリートを巻き込んだ狂信的宗教団体のような極端なものから、不登校の生徒の激増、大学生の基礎学力や学習意欲の低下等の一般的な問題まで、数え上げれば切りがない程、多様化し日常化している。企業、団体の運営の中でも、例えば銀行の無責任経営と破綻、最近の東海村における放射能洩れ事件のように、上層部から末端に至るまで、無責任というか、気の緩みというか、そういう現象が頻発し、これがまたたく間に社会全体を揺るがす事件になっている。言い換えれば「マイナス事件のマクロ化」現象である。

過去においても犯罪や反社会的事件はあったとは言っても、自殺者が、自動車事故による死者の四倍もあるなどということはなかったのではないか。これはもう一種の、「国民的社会不安」そのものである。不幸なことに、これらマイナスの社会現象が、著しく発達した情報装置によって、忽ち瞬時にして家庭や生活の中に入り込み、人々の心を苛立たせ、やり切れない思いに引きずり込んでいく。マスコミはこれを煽ることによって勝ち残ろうとする。幸いにして？生きる目標を失った無気力な大衆社会からは、クーデターとか革命のような物騒な大事件は起こる兆しもないが、これで安心していいのだろうか。このままで何時か少しずつでも改善されるのだろうか。

恐らく心ある人々の誰もが、我が国の社会がこのままで自然によくなるとは考えていないだろうということでは見事に一致している。

それではどこが間違っていて、どう直せばいいのかということになると、意見は大小、深浅千差万別で、どれを信じていいのか迷うばかりである。この迷いを払拭して正しい判断に役立てる見方はどういうものか。そのことに関して「共生の理念」は、全く明白な基準を与えてくれる。ここで一度立ち止まって、第一部、第三章の「共生の理念」を振り返ってもらいたい。その上で、共同社会建設の為に後ろ向きか、前向きかという二つの基準を設定すればよいのである。私の手許にも少数ながら、前向きの道を示す著書がいくつかある。一部を推奨しておく。

『人間を幸福にしない、日本というシステム』K・V・ウォルフレン

『さまよえる理想主義』松原隆一郎

『現代民主主義の病理』佐伯啓思

『世紀末からの出発』山崎正和

『自由主義の再検討』藤原保信

『人類は滅亡に向かっている』西沢潤一

『バイオマス文明構想』筒井信隆

第一節　社会建設

人間の究極の生き方としての「共生」の目から見れば、世紀末日本の後ろ向きの姿がはっきりとわかる。それは榊原英資氏の言うように、「人間は今までずっと進歩してきた。そして今は歴史上最も進歩した社会だ」という、進歩主義の信仰に纏わりついている姿である。私はここで重複を厭わず、原点に返って共に考え直してみたいと思う。

第一部第三章でのべたことは、

「宇宙の存在の原理が、始まりもない終わりもないものであるから、存在ということは、時々刻々に変化する現象が〈循環する〉ということである。従って、一切の事物に内在するものも外に拡がるものも〈循環〉そのものが絶対の存在ということ」なのである。

人間もまたその循環の原理に従った〈共生の理念〉に向かって、〈生かされ、生きている〉のである。

共生の理念から見れば、人間の歴史には夫々の価値があり、それなりの意味もあったけれども、どんな時代も完璧で満足なものではなかった。人間は人間に与えられた〈共生〉という理念に向かって、あるときは互いに争い、あるときは助け合いながら人類の歴史を綴ってきたのである。それを私は、原始共同社会から、古代専制国家と世界宗教の興亡の時代、中世封建時代を経て、民主主義体制への現代に至っていると分類した。

民主主義体制に内在する思想は明らかに、「進歩主義＝思想」であり、この考え方から現在が最も豊かで満足な時代であると確信して来たのである。

我が国でも、特に戦後五十数年は、経済的繁栄と自由解放によって、民主体制とそれを支える進歩思想は「未完のプロジェクト」として神格化されてきた。

世紀末になって日本人は、未曾有のスピードで昇りつめた繁栄の枠組みと実体が、これからは未曾有のスピードで崩壊するのではないかという〈先の見えない不安〉に気付きはじめている。この事実を否定する人は誰もいないであろう。そしてこれをなくす為に、今までの経済成長を継続する方法がいいのか、情報化、コンピューター化という科学技術の延長の上に、新しい生き方の希望が生まれるのか、誰もわからない。それなのに、小手先の手直しのまま、今まで来た道を守り続ければよいと思っている人はいないであろう。

今日の社会不安は、単なる経済やコンピューターでは癒《いや》し切れない状況に現れている。私は、一部の切り口から問題解決の根本を見つけようと思う。

① 悪貨と良貨

渡り鳥のメッカである干潟でゴミ拾いをする子ども達とボランティアの人々。その反対に電車の中でひどく行儀の悪い子どもと、それを叱らない母親。新聞記事の投書に、こんな小さいことが載らない日はない。随分目立つことだからであろう。私が高校の教員をしていた昭和三十年代頃までは喫煙が見つかった生徒には家庭謹慎という罰があった。何故なのか、二十歳以下の未成年の喫煙は法律で禁じられているからである。今はそんな法律などは無いに等しい。丁度戦後の食料難で配給制度の頃、闇の売買があった。その名残に食糧管理法という法律があって、主食は自由に売買できなかった。食糧が豊富になると食管法は有名無実になった。青少年の喫煙もこれと似た現象なのか。

極道なのはオウム真理教の大量殺傷事件だ。首謀者大幹部の裁判は十年もかかるというのに被害者の多くはどんなに苦しんでいることか。これが平和で人権尊重国家といわれる法の裁きである。自分に人権があるならば、他人にも人権があるはずだ。その集団が社会であり、その権利を誰が守ってくれるのか。金、金、金の中で埋没した人間の良心の哀れさ、末法の世に生きる善良な民衆の呻き。これを放置する人権と平和と民主主義の国、日本の現状でなくて他に何と言ったらよいのか。国民は豊かさに馴れてこの有様を我慢しているのだろうか。そして、この国を子や孫に託す勇気と希望を持ち続けることができるだろうか。

② 世代間の断絶

九九年十月に故・小渕首相（以下、執筆時の現状に沿い、故は省略する）は、自自公連立内閣を発足させ、その際諸々の政策課題のほかに、「富国有徳」という徳目をスローガンに掲げた。小渕という人は色々な格言をもじって、その時々のことを言い表すのがお得意のようだ。富国有徳も多分、近代日本の始まりを主導した「富国強兵」の国民的目標になぞらえて、強兵の代わりに有徳という、よい徳目をあてはめたのであろう。この言葉は新聞に一、二回載ったきりで、ほとんど忘れられてしまった。つまり小渕氏の個人的思いつきにすぎなかったということであろう。歴代首相の中にはこういう政治思想みたいなものを掲げる人もいたけれども、一種の言葉の遊びぐらいに、軽く受け流されてきたことが多い。

何故なのだろうか。この理由は簡単なようだが、実は深い根拠があるのである。明治の日本は正に興隆期にあって、当時の民心は上も下も、追いつけ追い抜けで富国強兵はぴったりあてはまった目標だった。それに比較して今の日本は、例えば江戸幕府の末期のように、国民としてまとまった思想も目標もない状態にあることを表しているのである。社会の一致した価値観、国家のあるべき姿である「国是」がないのである。民主主義というのがあるではないか、憲法があるではないか、と言われることは承知の上で、果たしてそうだろうかと反問したい。真向から反論する代わりに、戦後の歴史と、その間に表れた世代間の生き方、社会的価値観の深い溝（断絶）について、一緒に振り返って見たいと思う。

……………………………………………………

「世代」というのは、思春期二十代頃までの間の家庭、学校、社会環境で、躾けや、物の考え方、生活の仕方、自分と他人社会との関わり方などで、ある共通したものを持っている人々の類型、のことを言う。

戦後五十四年間を右のような世代毎に分けると、大体三つになる。その上に今第四世代も生まれ、育ちつつある。

○　第一世代は七十歳代以上で、敗戦の年は既に十六歳以上になっていた。言うまでもなく感受性の強い思春期から青年時代を、「お国の為には自分を犠牲にすべきだ」という教育を骨の髄まで叩きこまれ、個人の権利などは口にするのも憚られる時代を過した。戦場に赴いて皇国(天皇の国家)を信じて若い命を散らした人も多数いた。この世代の人々にとっては、敗戦などという事態はおよそ考えたこともなく、まして戦後の米軍の占領、民主国家日本などという世界は夢想だにもしなかったことである。ただ一つ、平和の有り難さと、飢餓からの解放を心に懐いて、無我夢中で戦後を送ってきたという共通経験を持つ。

勿論、思想や生活様式の面で戦後というものに適応することは困難であり、戸惑うことばかりであったし、七十歳を過ぎた今でも、若い頃に受けた激変の疵口《きずぐち》は容易に消えないであろう。更に続く第二の戦後世代、更に第三世代の子や孫に関しては、まるで異星人のように分からないことだらけのままで育ててきた。今はこの子や孫達の時代に生かされているということであろう。しかしこの世代はしばらく介護を受け、長命を保ちながらも終わりに近づいている。一部の人を除いて夢も生き甲斐もなく、もう過去の世代である。

○　第一世代から第二世代に移る過渡期に、六十代から五十代後半の「戦中、戦後世代」というのがあり、今世紀末の社会を支えている指導的な立場の人々もこの世代に入る。この世代の人々の考えや生き方は正に千差万別で、とても一つの世代として把握できない程むつかしい。一つだけ言えることは、二十一世紀の日本人の、新しい社会建設という前途を背負っている世代であると共に、極めて幅が広く、先見的な思想と活躍を期待されていることである。

○　第二世代は、主として戦後生まれの五十歳台前半から四十歳ぐらいまでをいう。この世代の幼少の頃は、親達が子どもに食べさせることに精一杯で、教育までは手がまわらず自信もなく、専ら学校任せの状態であった。親から教育を任せられた学校教育といえば、いわゆる〔民主教育〕が花咲き、自由と平等の在り方を浴びる程飲み込んで育った。日教組、ストライキ、学生運動などの反権力闘争も最高潮に達した。

それと共にその反対側では高度経済成長の真っ只中にあって、労働力不足から労働者の賃金も急上昇し、働く者の黄金時代でもあった。つまり、教育では左翼民主主義を身に付け、一方ではアメリカ的な経済構造改革と成長とが同時進行した奇妙な時代に青春を送った人達といえるであろう。

現在、社会主義は衰弱し、自由主義経済の前途も楽観を許さない情勢の中で、今まで信じ行動してきた足跡を、顧みざるを得ない〔中年〕に差しかかっている。その上、何不自由なく育てたはずの第三世代が大人になり始め、この世代の子ども達は、古い中年の大人から手の届かない世界に遠ざかりつつある。このようなことは、自分達が嘗て子どもの頃にやってきたことの繰り返しではないのか。

○　第三世代の大半は今未成年である。これから彼等がどんな生活を望み、どんな社会を作っていくか分からないが、少なくとも今までのようなばら色で気儘な生活は望めないであろう。それでは、これに代わって彼等にプラスになる遺産を与えるにはどうしたらよいか。更なる自由か、平等社会か、知識か、思想か、小渕さんが唱えた富国有徳か、それとも辛抱と痛みを伴う質実国家なのか。混迷のままの日本か、それとも希望溢れる再生日本なのか。

③　巨大都市の害悪

およそ人間は都市に集まりたがる習性をもつ。そして巨大都市は都市の究極の姿であり、近代文明の生んだ鬼子でもある。

コンクリートジャングルとでもいうべきか、ネズミとゴキブリしか住めない劣悪な環境で汚れた空気を吸い、すれ違う人も隣の人の顔も見ず、狭い空間にいて、金があればどこへでも行き、いじめられる人がいても知らぬふりをし、田舎や外国から持ってきたうまい物をたら腹食べ、お化粧で顔を塗りまくりながら、ゴミの山を田舎におしつけ、叱られもせず邪魔にもされない、都会のくらしをしてみたい。これが憧れの人間の生活だろうか。私はいつも、近代社会の諸悪の根源を語るときは、殊に若者への影響を考えるときは、まず巨大都市を破壊することから始めなければならないと思っている。近代文明の象徴である巨大都市は〔人間生活の生きながらの墓場〕でなくて何であろうか。

歴史上、東西の代表的巨大都市の繁栄が、期せずして人々を腐敗させ、国家体制の崩壊を招く遠因になっている。東京は人類史上、典型的な巨大都市であり、広大な江戸城の名残を止める皇居は息も絶え絶えになってうずくまっているではないか。寺社と緑に囲まれた古都京都とか、津軽藩の城下町弘前と比べて、東京が優れているという感覚はどこから伝播してきたのであろうか。

今、世界中の巨大都市には、その国の指導層、エリートが集中している。この人達が地方に、自ら分散居住して共同社会建設に大きな役割を果たしてくれる日は何時来るのだろうか。

また、近代社会の申し子である市民と彼らの市民運動が、地方まで出掛けて緑化問題とか原発問題に携わることから一歩進んで、足元の巨大都市問題に目を向け、そこから近代文明の諸悪を吐き出す事実に正対することは無理なのだろうか。

これからの社会建設も教育建設も、基本に立ち返って再出発しなければならないことを訴える。最後に、巨大都市といえども、人口はせいぜい二百万ぐらいで止めなければならないことを付記しておく。

第二節　教育建設

まず結論から入る。

「共同〈社会〉国家における教育建設は、現在の教育を〈改革〉するという手直しではなく、根本的に〈転換〉するということである。」

生物が生きるということは、自分の代だけ生きるということだけでなく、子孫を残して栄えさせるということでもある。人間も同じである。子孫を立派に育てることは、親として、家庭として、最大の社会単位としての国家の当然の責任である。

従って、自立した大人の生活規範としての「共同憲法」と並んで、子孫を育成する為の第二の憲法ともいうべき「教育憲法＝教育基本法」を制定することは、共同国家の最初にして最重要な課題である。

① 共同国家の「教育憲法＝教育基本法」

教育基本法は昭和二十三年（一九四八年）に、日本国憲法の趣旨に則《のっと》って制定され、現在まで変わることなく施行されている。基本法は概ね二つの骨格から成り立っている。

一つは、教育を受ける側の、人間としての個人の尊厳。

二つ目は、平和で民主的な国家社会に寄与することのできる人間の育成。

更にこれに加えて学ぶ者の自由と自主性を守り、豊かな政治的教養と、宗教的情操を身に付けさせるという配慮がなされている。更にこの基本法の精神は、一九五一年の「児童憲章」によって国際的にも権威づけられ、教育における不磨の大典として今日も信奉されている。

その後、政府は教育の民主化のために、民間の有識者を集めて各種審議会を設け、その時々の問題解決に当たってきたが、小渕総理は九九年十月二十二日の記者会見で「二十一世紀を前にして教育改革に踏み込む」と述べている。教育改革については二年前に、自民党から教育基本法の見直しを含めた抜本的改革を行うということで、党内に研究グループを設置し、自由党も既に改正案をまとめている。

これらの改革案に盛られ、または取上げられている内容には大筋において共通点がある。

それは、現在の基本法には書いていない、歴史、伝統の尊重、義務とか責任とか公共という面を強調するということを目玉にしていることである。

戦後の日本が敗戦のどん底から這い上がって五十余年、この間の経済成長を確かなものにしたのが、民主国家日本における、個人の自由の解放、結果が全てという実証主義、豊かさこそ幸福という経済主義等……という、アメリカ的価値観であり、そして日本人をこの価値観に導いた原版というのが、現在の教育基本法ということになる。

ところが僅かここ十数年来の日本は、日本人が唯一頼みの綱にしてきた経済成長が危うくなり、親とも頼んできたアメリカからはことごとく冷遇されるようになり、〔発展途上国〕と名付けて見下ろしてきた中国や東南アジア諸国の華々しい発展に追いつかれそうになってきた。国内では、少子高齢化時代に入ったことで、指導者も民衆も自信を失いかけている。更に追い打ちをかけるのが、公表洩れの分を含めて今や六百兆円を超える天文学的な国民の公的借金、深刻な環境問題に直面している。このうち、どれ一つを取っても、嘗て我が国が遭遇したこともない大問題であることを思えば、今までの驕れる豊かさが何であったかを教えてくれるのに十分過ぎる教訓であろう。

これからの時代を託すべき若者達の問題もこれに劣らず深刻の度をましつつある。その一つの側面を示すデータがある。日本人が今まで口を開けば「アメリカでは……」と褒めちぎってきた、アメリカ社会の子ども達に関する調査データである。米国小児科学会（ＡＡＰ）。

アメリカの思春期一〇〇〇人の子ども達……重複もあり……
・常習的飲酒者　三〇〇人以上
・常習的喫煙者　二〇〇人以上
・マリファナ愛用者　二〇〇人以上
・コカイン、幻覚剤使用経験者　一〇〇人以上
・薬剤の血管内注射経験者　一〇〜二〇人以上
・性行為感染症　一〇〇人以上
・妊娠　七〇人、未婚出産　三〇人
・大多数は性交経験者だが、これら経験者は、十九歳までに、男子は平均九人、女子は平均三人がセックス・パートナーと交渉を持つという
※　小児科医の立場から見て……慶応大小児科教授、松尾宣哉氏……

自己実現を極限まで追求する自由競争社会、あらゆる性差、性的役割を否定する男女平等社会はアメリカが追い求めた理想社会である。しかし、アメリカン・ドリームや物質的繁栄の代償に人々が得たものは、先進諸国中最悪の、家族の崩壊と社会的秩序の崩壊である。

アメリカの子ども達は、未熟な獣性と孤独な心を露呈し、むなしく親の愛撫、受容、関心を求めているようにみえる。現在、家族の半数はどちらかの親がいないか、実親でない。子ども達は、大人たちのエゴイズムの最大の犠牲者である。……以下略　（読売新聞から）

びっくりするようなことだが、事実をそのまま受け入れながら、共同国家の教育基本法の原則だけを提示しておく。

一、日本国は、次代を担う未成年者に対して、共同社会国家の一員として、幸福で希望を持って生活できる国民となるように教育する使命を持つ。

二、未成年者は、自由闊達で向上心に富む人間として尊重されると共に、社会の一員として共生と互助の中に喜びを見出す、香り高い品性を備える人間になることを目指して育成される。

② 共同国家の教育制度

共同社会国家における教育とは、専ら未成年者（未成熟者）の育成であるとの基本認識から、現行の成人者相互の〔成人教育〕という考え方は取らない。成人間においては、例えば

〔技術講習〕または〔伝達〕ということになる。

国家社会が関与する教育制度は、未成年者の成熟度に従って次の四段階に分けられる。

（性格）	（主な実施者）
第一段階　胎児教育	国家、自治体
第二段階　乳幼児教育	自治体
第三段階　義務教育	国家、自治体
第四段階　自立教育	国家、自治体、民間

第一段階　胎児教育

健全な子どもを生むには、母親が身ごもったときから、身体的、精神的な安定が必要であるということは昔から言われてきたことであると共に、多くの親が経験的に納得していることである。医学的な証明がどの程度進んでいるかは定かではないが、生まれてくる子の運命を決する大きな要因になることは間違いないことだろう。この意味から一部の市町村で社会教育の一端ということで、母体保護活動と並行して熱心に行われている。——宮城県田尻町の例——ただ、これについての県や国、横の連帯や支援もないことで孤立無縁で先細りになる危険に曝されている。文化国家としては全くお寒いことである。

共同社会国家においては教育のスタートラインをここに定め、確固とした教育観のもとに、一日も早く法制化し、支援し、健全な子どもを生む為に始動しなければならない。不幸にして、母親が物心両面において不満足な環境にある場合は、国の支援を受けた自治体が誕生までの公的な責任を負わなければならない。

ここ十数年間に、身体をいじる医学が急速に進歩して、遺伝子組替え、男女生み分け、夫以外の精子を体外受精させることも行われだした。つい数年前になって、アメリカでは天才や有名人の精子を貰って他人腹で妊娠することも行われ、希望者が多くて、仲介者が商売にして儲かっているというニュースを目にした。人間の誕生に対する科学の完全支配である。この勢いに反対する宗教、哲学、価値観、思想の動きはどこにあるのか、なにをやっているのか甚だ心許ない。共生の理念においては、この動きをはっきりと、人類の自殺行為と位置づけて暴走を食い止める立場にあり、我が文化国家においては国民的与論の下にこれを撲滅しなければならない。

教育とは何の関わりもない、人類に対する反逆行為だからである。

第二段階　乳幼児教育

現行の義務教育は六歳からとなっているが、それ以前に公教育の幼稚園（保育所も含める）は四歳から二年間行われている。この期間は普通幼児教育と言われ、制度としては概ね現行を踏襲してよいと思われる。但し保育所は保育の延長に当たる部分をも担当することになるので、公的機関で責任を持って運営をすることになる。幼稚園は親の自由意思によって行うものであるから、全て〔私立〕とする。

問題は前期乳児期間の二年間を担当する保育と教育に関することが現状では公的に全く放置されていることである。「三つ子の魂百まで」といわれている通り、この二ヶ年間は身体のみならず、心の生長にとって重要な期間である。

この二年間は親、肉親の〔愛情〕が、子どもの将来を決するといっても過言ではない。と同時に子ども自身が動物から人間になるための〔躾け〕が、大人になってから千万言を費やしてお説教する以上に重大な影響を与えることに着目しなければならない。このことは一〇〇%親の側の責任であり、同時に親が生活している共同体社会の責任でもある。現代の文明社会で、自由と自己責任という名目に寄りかかって放置されてきたことは意外というほかはない。社会も自治体も国家も、この新しい教育に全力を投入すべきである。

第三段階　義務教育

大枠は国で、中枠は都道府県で、実施は市区町村で担当する。

◎前期（小学校）六年間とし、初めの三年間に、自己中心から除々に脱却して、まわりの全ての命や物に対する思いやり、集団生活への適応能力を養う為の「躾け教育」を重視する。並行して「自ら行うことと、その成果を得る悦び」を感じるように配慮する。

知的教育は大多数が理解し実行できる程度で、現行の内容を極力圧縮する。

次の三年間は、共通に修得する基礎知識のほかに、自学自習のよろこびを得、発表するまで高める。教室以外の学習を大幅に増やし、外界の人間関係、文化、生活、自然との触れ合い、自主的な共同生活の機会を与える。

※教師と保護者の接触を密にし、教育委員会が十分相談相手となる。

※学級は二十五人を標準とし、一学級に二人の共同担任を置く。学校規模は最大で六百人以下とする。

◎後期（中学校）十三歳から十五歳。自我（自立、独自性）が芽生え、自分と他との在り方について何かを得ようとする時期で、喜怒哀楽の振幅が大きくなる。

・個性の伸長と社会への融合という矛盾を生活の中に同化しなければならない難しい時期

に当たっており、教師の役割が最も過重な時期に当たる。
・学級編成の壁を低くし、四十人ごとに一人の教師を、学級共通の複数担任とする。
・教科担任は、学級担任と関連しない。
・一般教養科目の到達目標と時間を縮小し少量精選された内容を大多数の生徒に履修させる。特に優れた技能理解を持つ子には別に創造的な学習機会を与える。
・選択制またはクラブ活動を正規に導入し、例えば数学のうちの計算能力とか図形の総合理解力、国語のうちの作文等において、特に興味を持ち、優れている子どもには、学年または学校のわくを超えて才能を延ばす。
・履修の評価は教師の共同評価を主として、自己評価を加え、保護者との了解の上で決定する。偏差値は参考事項とする。
・教員は学級担任の常勤者と選択履修の際は必要に応じて臨時専門教師を委嘱する。

※義務教育を終了して自立教育を受けようとするものは、市区町村教育委員会が管掌する社会教育活動の中から一種目を選んで履修し、終了認定書を受けなければならない。
例……研究施設助手、義務教育の課外活動助手、介護手伝い、スポーツ助手……。
期間は一ヶ月。

第四段階　自立教育

◎前期自立教育（高等学校）十六歳以上

・必修一般科目は、社会常識上最小限必要な程度とし、一年間で単位を取得する。他は全て選択制とし、学問、技能、芸術、体育等全ての分野の中から多くのメニューを提供する。必要に応じて学校間の単位の互換、交流を行う。

・入学希望者に対しては学校独自の選抜を行う。中学校の推薦書を参考とする。

・就業年限は三年とし、短縮及び延期の幅は各一年間とする。学年は設けるが、途中退学と復学を認める。

・特別な場合を除いて私立高等学校とする。履修内容及び終了認定の基準は都道府県委員会（将来の州政府教育委員会）で制定し、各学校長が運用する。

・学校への補助金及び生徒への奨学金は公的審査機関が決定する。

・専任教員は、教員養成大学を卒業した者を当て、履修課程に応じて実務専門家を随時採用する。

※自立教育課程は前期（高等学校）後期（大学）を通して、全て全国共通単位制を採用するので、入学の関門は極めて広くなるが、履修卒業の認定において学校差はなくなる。

従って入学受験競争は意味がなくなる。

※科目の選択は自由であり、少人数に対する徹底指導を行うが、必修の一般教養科目と、共同性を養う為の集団教育は、必要最低限の単位として重視される。

◎後期自立教育（大学）。概ね十八歳から二十二歳

高等学校は各都道府県（州政府）教育委員会が主管するが、大学は中央教育審議会の議決に基づき、文部省が管轄する。

・大学には全て基礎学力講座を設け、一年間の履修を終了した者が専門課程を履修することができる。

・大学の入学選抜は一般教養科目及び集団生活科目について行う。

・基礎学力講座を終了した者は、他の全ての大学の専門科目を履修することができる。

・卒業の資格は、所定の単位を修得した最後の大学で付与する。

・学生の進路に関しては、最終大学において纏めた内容を付して評価推薦するものとする。

・大学は全て設置基準に基づき、民間の学校法人が経営し、必要な経費は国から内容に応じて補助する。

・学生からの収納金は徴収するが、一般教養課程が終了したときと、卒業したときは各々

その半額を還付する。

・学生が大学以外の研究学習等において得た報酬は大学が全て管理して本人に支給する。

・専任教員は一定の資格を得た者とし、専門教科担当は、臨時に採用することができる。

※期待される成果

共同社会国家の教育は、新教育基本法（憲法）の趣旨に副った体制を整備し、運営することになるが、この制度の下では、現在の基本法におけるよりも、はるかに生き生きとした自立性を持ち、公共に対して十分貢献できる、豊かな教育をすることができるものである。……現在の悩みの種である偏差値による人間蔑視の入学試験や、それに伴う歪曲された塾教育、企業の学歴偏重などの弊害は全て払拭されることになることは明らかである……。

教育革命は暴力も要らず、経済依存の弊害からも解放されることを確認し、一日も早く共同教育建設に向かわなければならない。

第六章　連邦国家建設

「まほろば連邦」の国づくり

①　今、なぜ地方の時代なのか

今まで経済成長一辺倒の国の歩みの中で、〔遅れた物、非能率なもの〕ということでお荷物扱いにされてきたものがある。世紀末になって、地方分権、地方の時代などといわれるようになった問題である。政府も遅ればせながらもそれに引きずられて、本格的に準備をはじめた。

なぜこのようになったのか。その理由は明快である。それは、日本が戦後追い続けてきた近代社会の行き詰まりと未来への不安が急速に高まった結果の、人間本来の〔郷愁〕と〔帰巣性〕によるものである。

日本は今、不況のどん底にあって、これからは昨日までの経済成長、豊かさが、続くとは誰も思えなくなっている。逆に、栄華の果てに山積みされた負の遺産に直面して右往左往している中で、この不安から救われる一つの道としてのふるさと志向、地方への回帰現象なのである。

一般に、地方というと故郷を思い出す。それでは、地方がどうして救いの場所なのか。もちろん地方は中央のように金持ちになるというような希望があるわけではない。丁度、貧乏な田舎の実家を飛び出した道楽息子が、都会の生活に敗れて里帰りするようなものだ。田舎は、貧しく不便だが、その代わりに心優しい温かさ、安らぎがあるということだ。〈小鮒追いしかの川〉という自然があり、隣近所と助け合う人情があると思われている。これが田舎＝地方のイメージである。こうして見ると、地方の時代というものが、正に近代物質文明の驕りの果てに辿りついた「人間の回帰の姿」の一つの表現であるということは、決して牽強付会ではないであろう。この見方を延長すれば、遠くない時期に人類は、民主主義という中途半端な古い証文にしがみついて、征服を繰り返して来た誤りに気付くことになるであろう。地方の時代という掛け声は、狭い日本、経済先進国日本が、真っ先にこの道の修正を迫られている現象なのである。

②　まほろば連邦国家への道

まほろば連邦国家というのは、小さな政治集団である「さきがけ」の武村正義代表の構想をそのまま引用したものである。

この構想は、彼が若くして故郷八日市の市長になり、一九七四年以降滋賀県知事を務めた中で思い描いてきた二大構想の一つである。彼のまほろば連邦国家論は、もう一つの柱である「環境主義」と共に数多くの著書、論文で発表されているが、特に、雑誌中央公論の九八年六月号で、分かりやすくまとめられている。私も長い間、思想と現実の間に迷いながら辿りついた政治目標として何程かの寄与をし、また自説を実現する最適の場としてこの政党を選び、今日まで二年を経た。「さきがけ」は日本の政治的ロマンを掲げて、日本の政界における最も質の良い政治家を結集したにもかかわらず、今は権謀術数の永田町政治の中で小さいながら、大きな試行錯誤を繰り返しつつ、遂に日本の政治はこの道が必要なことをはっきりと示しつつある。日本の未来を考え、良心と勇気ある指導者はいずれこのロマンと構想の下に結集し、次の世代にこれを引き継ぐことになるのは間違いない。彼の論に入る前に、私が終生の拠り所にしてきた「共生」の原点から、これを裏付けておかなければならないと思う。さきがけのまほろば連邦国家論と共同社会国家論は、正に二にして一に帰結するものだからである。

この二つの論は共通して、

・巨大都市の罪悪と行きづまり

・母と子、家族、地域共同体

を人間の社会生活における両極端にあるものだという認識を明らかにしてきた。

このうち、前者は近代社会のシンボルであり、これこそが人類社会を破壊する元凶である。そして、これを正常な人間の生活に引き戻し、幸福と希望をもたらすものが、後者〈ネオ・アニミズム〉であることを繰り返し説いて来た。ネオ・アニミズムこそ〔地方主権＝地方の時代〕の根底にある文明観であり、同時に出発点であることを忘れてはならない。

世紀末になって、バブル経済の大破綻、一極集中やグローバル化の行き詰まりが明らかになって、ようやく地方分権に目を向け始めた政治指導者達の盲目ぶりを見せつけられて、果たしてこれで大丈夫なのかと今更ながら心配の種は尽きない。

誰でも分かっているように、人間は生物の一種に過ぎないのであるから、土地、水、空気という物理的自然条件の中で生かされているのである。その上に立って心も体も、地域共同社会（コミュニティー）の中で相互依存しながら生きているのである。つまりコミュニティーというのは人間が生きていく為の第二の運命であることを自覚しなければならない。

現代社会は、国際的には、崇高な理想を掲げた国連憲章の内容も、アメリカン・グローバリズムという一極集中が行き詰まった厳しい現実を見せつけられており（日本はアメリカという馬の尻尾で行き詰まりを分かちつつある）、日本の社会、国づくりも同様にその清算を迫られている。日本はここで、世界にさきがけて地域共同体（コミュニティー）に帰らなければならない。近代という古い思想と社会は変革期に入っているのである。

……………………………………………………

武村正義氏は環境主義とまほろば連邦国家づくりを柱にして日本再生を目指している比類なき政治家であり、革命的ロマンチストである。彼の道統を汲み、結集した政治団体〔さきがけ〕の歩みはまたその一里塚と受け取るべきである。

彼が生まれ育った故郷の琵琶湖逍遥歌は、単なるセンチメンタリズムでなく、彼の環境主義と連邦国家論の源流をなすものである。

そんなことは誰にもあることだとか、地方の時代というのは彼だけの主張ではないという反論もあろう。その一つが例えば、大前研一氏の著書『平和維新』の中にある。内容は政策論としても精密大胆で学ぶべき点が多いけれども、発想においても理念の面からも〔理屈〕では分からない人間臭さ、生々しさが感じられないという弱点がある。地方、地域の自治の原点はその〔人間臭さ〕にこそあるのであって、共同社会、共同国家はここから発信されなければならないのである。

武村氏は地域社会を「まほろば」と言っているように、一定の自然条件の中で、独自の伝統風習と、運命的でありながら自由な、生活の匂いをつつみ込んだ共同体として捉えているのである。ここからは、わがかけがえのない故郷を守り育てて行くという気概が強くにじみ出てくるのである。このような心情と認識は、彼が幼少からこの地で育ち愛し、中央や海外で活躍した中でも決して手放すことがなかった思いであった。その後地方自治の首長の地位にあってこのことは遺憾なく発揮され、偉大な成果をあげたことは周知のことである。彼はまた、知業一致の陽明学を奉じ、郷土出身の中江藤樹に私淑し、折りにふれてその言葉を引用している。近江の国は彼にとって正に「まほろば」なのである。彼はまた、近江の国以外のまほろばにも強い関心を持ち、イーハトーブの宮沢賢治を慕い、それと共通する瑞々しい感性を身につけていた。

それと共に忘れられないのは、私が秘かに敬愛している〔政治家〕中村敦夫氏の「地方主権」論であり、私の目から見れば、武村氏のまほろば観と中村氏の地方主権論は、分け登った道は別々であるけれども、地域共同体への認識において全く一致していることを読み取ることができるのである。

……………………………………………………………………

このようにしてこの章の最後に、まほろば連邦国家論と共同社会国家論を重ねて、次の五点にまとめておく。

・今では民主的体制をどこまで手直ししたとしても、地方が運命共同社会としての自主性を取り戻し、官僚主導の一極集中体制を打破しなければ、まほろば連邦国家は実現できない。

・まほろばというのは、自分が生きているこの地こそ、最も住み易く、日本の中心として誇るべき地である、という心意気を表す言葉であって、名実共にそうなる為に努める決意の表現でもある。

・市町村という行政区域は、まほろばへの究極の地域である。ここを誇るべきわが町わが村に築き上げるために、自然との共存を回復し、自立と連帯の生活の場にしなければならない。

・近代社会は今まで、グローバリズムの名の下に地域共同社会を蔑視し、破壊してきたし、今もその動きは激しさを増している。その結果が地球上で、衝突、内乱、紛争によって、第二次大戦中よりも多くの人々が殺され、十三億人の飢餓の民を作り出している。我が国においても個人主義と自由競争が激しさを増し、金権と政治力で勝利した上層部は、腐敗した無責任体制にあぐらをかき、これを守る為に必死の抵抗を続け、希望を失った多数の庶民は考えられない程の思想や行動に走り、四分五裂の状態におかれている。これを根本的に転換し、癒しと希望とを取戻すのは、まほろばへの道以外にはない。日本国は世界に大きく目を開き、世界にさきがけてまほろば連邦国家を樹立しなければならない。

・二十一世紀を「まほろば連邦の時代」と名付け、国民総発信の運動を起こすべきである。武村氏の見透しを借りれば、計画し、組織し、基盤づくりをするだけでも十年は必要であり、これが一定の段階に定着する為には、憲法改正を含んで更に数年を要する。言うは易く実現はまことに難しい革命的プロジェクトとして位置づけなければならない。

舵を失った巨船のように「近代社会のグローバリズム」を乗せた人類号は今、漂流を続けている。行く先はタイタニック号のような氷山との衝突だ。ここで必要なのは、知恵＝思想＝共生という舵だ。

小さくともいい。簡素な生活もいい。老いも若きも、上も下も、地域共同体の新しい天地の中で「私もあなたの手を取り合おう」と立ち上がるときだ。

第七章　世界の中の日本

①　国際情勢と日本の位置

我が国は十九世紀後半から二十世紀を通しての百五十年間に、近代化に向かって大変革を遂げて来た。近代化をリードしたのは進歩主義を伴った科学技術の発達と、大量生産消費のグローバル経済化である。この間に世界は、国家間の激しい衝突、戦乱、征服を数限り無く繰り返しながら現在の姿に至っている。

そこで、今の世界の姿、またその中での日本の位置はどういうものなのか、観望してみよう。

一言でいうと、一九〇〇年代半ばまでの百年間は、地球上に猛烈に拡散した欧米列強の経済侵略、軍事征服の時代であったといえる。日本は危うく被征服国家になることを免れて独立を保ち、更に一歩を踏み出して列強の仲間入りして、結局近隣の朝鮮・中国への侵略国家に変身した。世界でも稀な民族国家であり、その姿は富国強兵であり、脱亜入欧である。

この百年を更に二つに区切るのが第二次世界大戦であり、この大戦は一九四五年までの軍事大国からそれ以降の経済大国へと日本を変身させた。そして、アメリカの傘の下で繁栄した戦後五十五年間の道はこのまま続くであろうか、日本は今大きな岐路に立っている。

一つは、今までの路線を踏襲して、アメリカの世界戦略の一端を担い、国連機構の中で政治大国の仲間入りすることである。この場合の我が国の拠り所（キーワード）は、米欧日の三角形の一極を占める経済力であり、小渕首相が言った「富国有徳」の国ということは、この方向を象徴している。嘗て革新勢力であった野党群も、この方向への対立軸を失ったままで、部分的修正のために寧日《ねいじつ》のない有様である。

これに対する第二の道は、共同社会国家としての日本の世界政策に向かう道であって、一口に言えば、違い（自主性）を尊重し共存しながら、一極集中でない共生の世界秩序を構築するということ以外にはない。この道は、〔個と全との両立をめざす＝絶対矛盾的自己同一〕という存在原理の中で、人間が共生の理念に向かって生活することを言う。この道は第一部の共生史観の中で既にあきらかにした。

そしてこの道しるべは、具体的には、距離的に近く、また歴史的、文化的にも類似した集団（国家）から、水が低いところに流れるように、順次に遠いところ、違和感のあるところに及んで行く、という簡明なものである。

……………………………………………………

今、日本は政治、外交、国防に至るまでアメリカの庇護の下にあり、それにつれて、経済は自由主義経済のグローバル体制一辺倒で、政界においても共産党等の一部をのぞいてほとんど大同小異である。思想、教育、社会風潮もこの枠からはみ出すことはない。その意味では「日本は独立国」だと言えるだろうか。戦後半世紀の間に、日本の独自性を象徴する麗わしい郷土や、食料をはじめとする地域自立経済も地方のアイデンティティーも、ほとんど壊滅してしまった。ここから地域の自立を立上げるには想像を絶する困難を伴うことは誰の目にも明らかではないか。アメリカンドリームと、グローバリズムにどっぷり浸った日本の姿である。

日本はまだいい方で、我が国よりも遙かに深奥な文化と、複雑困難な歴史を経て来た中国は、今社会主義を止揚して市場経済に向かいつつあるが、この移行は我が国のそれよりも遙かに困難で長い道程を経るであろう。私は、むしろ、中国にはアメリカンデモクラシーは根付くことはないと思っている。中国は西欧文明を吸収しながら、第三の道を選ぶであろうと思う。それは、朝鮮半島、更にはアセアン諸国を含む「共生」への道以外にはあり得ないことを前置きしておく。

このような東アジアの情勢の中で、日本は明治以来どんな役割を果たしてきたのか。ここで正しく見直すべき最後の時期が、正に二十一世紀前半の五十年間である。それはちょうど、日本再生の共同社会国家建設に要する五十年間と全く軌を一にすることとなる。

② 二十一世紀外交の二大基本政策

結論に移ろう。

日本は世界の中で〔政治大国〕になってはならない。〔東洋の紳士国〕になるために、この百五十年間の歴史をふり返り、抜本的な前人未踏の道を歩み出さなければならない。その為の第一の政策は「日米安保条約」から、「日中米安保体制」への移行である。この構想は実は、九八年十月の『現代』誌上に発表したさきがけ代表、武村正義氏の提唱をそのまま踏襲したものである。この提案が戦後日本外交のビッグバンになって、具体的な日程に上ることになれば、現在の閉塞状態の中で我慢を強いられている国民は、双手をあげて快哉の声をあげ、挙《こぞ》って協力してくれることは明らかである。具体案については省略するが、これが実現すれば、アメリカ自身の重荷をも軽減すると共に日本のみならずアジア近隣諸国の自立、責任感を呼び起こし、延いてはこの彼方に、アジアの歌を、アジアの人々と共に合唱できる、共生の大地が生まれるのである。この基本構想はやがて〔環太平洋不可侵条約〕の締結と〔アジア諸国共同機構〕構築への唯一の道であることを何人も否定することが出来ないであろう。

さきがけに最も近い政策を持つ中村敦夫氏の「国民会議」が、その「二十一世紀宣言」という構想を発表しているが、その平和外交の項目の中で〈地域型安全保障〉の枠組みとして、日本、中国、韓国、北朝鮮にアメリカ、ロシア、モンゴルを加えて「協調的安全保障」の実現を目指すべきである、としている。この構想は、武村氏の「日中米安保体制」への提唱と基本的に全く一致しており、続いての「安保体制を十年以内に発展的解消」という困難な行方に、基本的な根拠を与えることにもなると思われる。この両者の到達点は結局、「アジアから世界へ」という政治大国になることをめざさない「質実道義国家」の建設への道で一致しており、両者の間で敢えて重複の無駄を省くことになると考えられるのである。

第二の基本政策は〈歴史の正しい自己評価と希望ある未来に向かう〉ための画期的な、オルタナティブ〈別の選択肢〉である。

環境問題は我が国のみならず、地球的規模の根本課題である。まず、アメリカをはじめ他の地域のことはしばらく措いて、特に隣の大国中国においては、もはや看過できない緊急課題であることは周知の事実である。人口一千万以上を抱える内陸の巨大都市重慶市の大気汚染は目を覆うばかりの深刻さであると報じられ、中国当局も対策に全力をあげている。長江の汚染や、山林伐採による洪水被害も深刻の度を増している。大気汚染は海を渡って来る朝鮮半島や日本列島に酸性雨を降らせ、森林や農地の酸性化をもたらしている。地球的規模の環境問題は、我が国にとっての二十一世紀の最大の責任問題であるのみならず、近より遠に及ぼす為に、経済的に遅れている友邦隣国の為に貢献することは決して他人事ではない。隣国への支援こそ、人類的課題を解決する為の第一歩であると同時に、日本外交にとっての光栄ある責務である。さきがけは既に新党さきがけの時代からこの問題を手がけて、グプチ砂漠へのボランティアの植林活動を続け、中国の最高指導層と合意して、日中協力の大事業に格上げし、両国共同の支柱になる道を作った。自民党や社会党などの大政党といえども為し得なかった活動と政治力を発揮し得た政党は他にない。このことは今、知る人も少ない。武村氏は、アジアの環境問題解決の為に、日本の利益を度外視して新たに提案していることを国民の何パーセントの人が知っているだろうか。この提案こそ外交政策のみならず、日本再生の為の起爆剤となるものである。概要だけをあげておく。

日本は度重なる公債発行によって、国家財政は破綻寸前にあり、財政再建は政治改革と並んで至上命題となりつつある。これからは如何なる政権も、消費税を増やす以外に増収の道がないことは、政治家も国民も既に覚悟しているであろう。この耐乏の生活は長く続く。そして日本国民の自立はここから始まる試金石になることも明白な道理である。すなわち「質実国家」への道である。

武村提案はこの上に、環境立国と人類生存の為に、まずアジアとの共生を図る絶好の機会

を提供しようとするものである。具体的には、
「消費税のうち〇・五％をアジアの環境支援のために特化する。その年額は一兆円強となる。これを速やかに法制化する。」
という壮大なものである。日本の経済も財政も、今の力を以てすれば、思想の革命を断行することによって十分可能である、というのである。日本国民はこの提案に賛同する度量があるだろうか。真価を問われている。

……………………………………………………

前の構想と一緒に是非つけ加えなければならないのが、「アジア文化交流機構」の設置である。ヨーロッパでは既に経済統合機構（ＥＵ）から最終的に政治統合＝一つのヨーロッパを目指して進んでいる。それに比してアジアの近代史はバラバラで、統合の前途は遥かに遠い。その大きな責任は日本にあることを学びなおし、未来を展望したアジアの共生に向かって巨歩を踏み出す時である。その構想の上に立つのが「アジアへの回帰の精神革命と経済的優位にある資金の拠出」である。運営に当たっては、友邦同士の互恵平等の原則による。

日本が負担すべき基金は、日本の国民的プロジェクトに相応しい「環境協力税」と同様に「消費税」の〇・二％を充てる。年額にして五千億円となるであろう。

この資金は、日本が過去の歴史を正しく見直し、新しいアジアの連帯に向かう大事業を進めようとする以上、消費税の中から拠出することが最も妥当である。消費税は、貧富の別なく国民均等割で負担する浄財であって、金額も過大なものではないことを理解し、国民は協力するであろう。尚これに類する文化、教育の協力機構とは截然と区別することは当然である。運営は各国の代表から成る運営委員が当たり、重点事業として政治、経済、軍事等の実利事項を離れて、第一に文化、歴史の研究と交流、第二に青少年の相互交流学習、第三に地域住民同士の交流とし、必要に応じて各国政府、機関に進言を行い、成果を実効あるものにする。

③ 沖縄特別州をアジアへの窓口に

共同社会国家の内政と世界政策に跨がる課題に、沖縄の再生という最大の関門がある。沖縄の人々は今まで長い間、国家主義日本の犠牲になって常に差別と苦難の最前線に立たされて来たことを忘れてはならない。その事例は今更ここで改めて言うまでもなかろう。長い平和と共同互助の歴史を刻んできた沖縄の同胞の忍従と苦難を、国民全体が自らのものとして、具体的に行動を起こすときに至ったのである。

日本の歴史の見直しは、朝鮮半島、中国に対する近代の侵略に先立った、沖縄県民への長い植民地統治として、今尚汚点を消し去っていない負の遺産なのである。

歴史の審判は申し訳など許さない厳然たる人類史の法に基づくものなのである。

「アジアは一つである」と喝破した岡倉天心の願いも空しく、近代国家日本は、富国強兵と経済大国への道を求める余り、近隣友邦に大して耐えがたい犠牲を強いてきた。

殊に一九四五年の敗戦までの十五年間、中国人民への軍事的、政治的、経済的に与えた惨禍は筆舌に尽くし得ないものがあるにもかかわらず、日本国民はそれ以来五十数年にしてこれを忘れ、弁解し、糊塗しようとしているではないか。日本国民が歴史を正しく見直し、道義国家として再生する為の妨げ以外の何者でもない。

中国は日中平和の回復にあたって、日本からの賠償金を一円も要求しなかった。その上に条約締結に当たって周恩来首相は「侵略の罪は日本軍国主義にあるのであって、日本人民にあるのではない」とまで言ったことを日本国民は忘れていないであろう。前章で述べた「アジア文化交流機構」と、さきがけ代表の武村氏が提唱した「環境保全協力」という二つのアクションは、それへのせめてものささやかな答えに過ぎない。

このことと、沖縄県民に対して全国民に与えられた課題は同一線上にあると受け止めなければならない。沖縄の心を心としなければ、日本国の未来はないことを知るべきである。

……………………………………………………

ここで二十一世紀を迎えるのを機に、我が国は、対アジア戦略の軍事基地を沖縄から撤廃して、まほろば連邦の中に「沖縄特別州」設置を、内外に宣言すべきである。

※中村敦夫氏は、「国民会議の日本合州国構想」を発表しているが、その三つの理念の中に〔平和外交〕の項を設けて次のように述べている。

「安保条約を十年以内に発展的解消」として「……極東の脅威に対して、米軍と自衛隊がそれぞれどのような役割を果たしているのか、どのような軍備が、そしてなぜ必要なのか、国民は基本的な説明を受ける権利がある。……」という基本方向をしめしている。

国民を代表する橋本、小渕両保守党内閣が総力をあげて沖縄の米軍基地問題に取り組みながら、海兵隊の航空基地を、今後十五年以内に見直してくれという、最小限の沖縄県知事の要求に対してさえ答えられない（多分、ノーであろう）現状で、中村氏の政策目標が適うか否かは別として、安保条約を解消して、日中米安保に発展させるというさきがけの構想は、国民会議とさきがけの目標が究極で合致するものであり、このことなしで沖縄の自立はあり得ないことをも明らかに示している。

まほろば連邦国家は沖縄特別州の発足によって、日本再生への光芒を放つことになる。

第二部　政治の変革にさきがけて
〔政界再編〕論

一部、二部を通してこのリポートは、共生の理念の普遍性とそれに基づく日本再生は、「共同社会国家の建設」にあるということを描いてきた。

このことから更に一歩を進めて、日本の現状を見据えながら、それへの抜本的変革を図ろうとするものである。そしてその先頭に立つものこそ「政治」である。人類史を顧みれば、政治を抜きにして歴史的変革はあり得ないからである。

「世界がぜんたい幸福にならないうちは個人の幸福はあり得ない」という共生の願いも空しく、人類は二十世紀を頂点にして、苦難とどん底へと転がり落ちつつある。

九九年十二月、アメリカのシアトルで開かれた、ＷＴＯ（世界貿易機関）閣僚会議の決裂は、参加百三十国のうちの圧倒的多数を占める途上国の総反対に遭って、さすがのアメリカン・グローバリズムも立ちすくまざるを得なかったことを、事実を以て証明した。アメリカは今、自分に都合がよい、自由主義経済体制を世界中に広げて君臨し、繁栄の絶頂にあるように見える。そしてこの圧倒的な経済力と軍事力を背景に、自由と人権という価値観を振りかざし、国連をはじめ、巨大な国際機構を支配し、我が物顔に振舞っている。しかし、今の地球上には「幸福を得るための最小限（ミニマム）の富」すらも手にすることの出来ない国の人々が、富める国の人々の何倍も住んでいる。日本を含めて、富める国はいよいよ富み、貧しい人々との格差は広がる一方である。この情況を、先覚的知識人達はアメリカン・グローバリズム（アメリカ中心の世界主義）と言う。報道によれば、シアトルの会議場には、アメリカをはじめ、世界の先進各国から、環境主義を掲げるNGO（非政府組織）が、何千人ものデモ隊を組織して会議場を包囲し、その為に会議の進行が数時間遅れ、参加国のVIP（要人首脳）が待ち呆けを喰わされたとある。このことは正に前代未聞の大事件である。先進国の中の人々も、アメリカ国民をはじめ、ヨーロッパなどから、自らの意志で集まり、アメリカン・グローバリズムの前に立ちはだかったのである。

今まで「世界ぜんたいが幸福にならなければ……」という共生の理念が、一地方の一部の人の果敢ない夢物語（ユートピア）と片付けられてきた近代社会の思想と仕組みの中で、何の疑いもなくこれを信奉して来た人々が、この事実をどのように受け止めることができたであろうか。

ここ数年間、アジア発の金融不況が世界を駆け巡った。このどさくさが国際金融資本という最悪最強の悪魔の餌食になり、さすがの自由主義一辺倒の先進国群もこれを放置できず、IMF（国際金融機関）の出番となった。これがアメリカン・グローバリズムの世界支配を示すマッチポンプ現象というものである。この結果、現在も続いているアジア数億の人々の混乱、困窮を招き、このことから、国内の社会不安、暴動、殺し合いが各所に勃発したことは記憶に新しいところである。僅かに小国マレーシアが、独立と反骨の英傑であるマハティール首相の下で、強引無謀とまで言われながら為替市場の閉鎖を断行して、国際金融資本の大悪魔からマレーシア経済を守った。中国は別に、平価切下げの圧力に耐えて、断乎として為替レートを維持し、不況のドン底を乗り切っている。いわゆる経済専門家と言われる人々は、特権的金満国家の上にあぐらをかいたのか、森を見る洞察力に欠けていたのか分からないが、大部分はこの両国の英断を大して問題にしなかった。これに比して惨めなのはロシアであり、共産主義体制崩壊後十年を経ているのに、アメリカ、ヨーロッパの全面支援を受けながら、経済は未だに破局状態が続いて、何時果てるとも分からない。軍事大国の末路である。

我が国のことはここで繰り返すまでもなかろう。この国の救うべからざる拝金主義の中で、何不自由なく育った今の若者が、豊かさの夢破れて果たして二十一世紀に幸せを掴むことができるのかと疑われている昨今だが、私達棄老の面々が目を見張らざるを得ない底力を発揮している青年の記事が、ある新聞のコラムに載った。少し寄り道をしてみよう。今時の政治家の金満金ピカ先生達もこの小さい記事を見て少しは反応を示してくれるだろうか。

貧乏を何とも思わない若い人が増えているようだと思っていたら、それが実際にいた。都会のど真中で、学校へ行かない、定職につかない、などの「はずれ若者」を鍛え直そうという、これまた変わった「ニュースタート」をつくった責任者の話だ。たとえば、一人暮らしで引きこもっている青年を「兵糧攻め」にした。〔親からの送金を止めて、落城を待ったが、相手も頑張る。三万円で半年も暮らした奴もいた〕。今時の若者はすぐ参ると思ったのは誤算だった。彼らは飢えさえしなければ動じないのだ。何故だろう。

このNGOの変わっている中年の事務局長も分からなくなって考えた。結果はこうだ。「彼らは〔お金をくれてやる、甘やかす、という手段で人間の魂を買おうとする時代の風潮に対して、体を張って抵抗しているのではないか〕という結論に達したという。

この後も記事は続いているのだが、その内容を含めて更に考察を進めよう。

学校も会社も、現代社会の繁栄と成長のために、これに順応する鋳型にはめるための装置だといえるであろう。鋳型とは、一括して政治的に「戦後体制」であり、五十五年体制を引きずる自民党から社民党に至る現体制であって、変革しなければならない「旧体制」にほかならない。

この外れ者の頑固な若者は、このことを人よりも敏感に察知して、身をもってこの旧体制に「ノー」をつきつけているのではないか。このNGOの事務局長は、引きこもりや不登校の若者を在宅介護サービスのヘルパーとして役立てたいと言う。

第一章　今どきの政党と政治家

昭和元禄の夢も未だ醒めやらぬ「平成末法」のただ中にあって、日本丸の舵取りを委せられている「政界」はどうなっているだろうか、思い出すだけでも肌に粟を生ずる思いである。私達一般庶民も、我々が選んだ選良だから仕方がない、どの政党が政権をとっても五十歩百歩だとあきらめてしまうのか。そうなればこの国は今よりはるかに厳しい苦難の道をひきずりまわされることになるだろう。勿論そうなってもらいたくない。そうであれば、現状を真正面から見つめて、この中から、小さくとも光る政治勢力を拾い出し、育てることに賭ける以外にはない。この見地から政界を展望してみよう。この展望は極めて生臭い、もうもうと湯気の立つ具体論を伴うものであることを最初に断わっておく。

第一節　二大政党はできるのか

日本は明治初期の藩閥政治以後、建前としてはずっと「政党政治」下にあった。但し、大正デモクラシーの短い時期を経て、昭和恐慌で大不況に見舞われ、欽定憲法下の当然の成り行きと言うべきか、いとど弱い民権政治は弱体化を続けて、最後には軍部独裁の下に屈服してしまった。資本主義と社会主義が世界を二分し、資本主義国家群の中では、分け前をめぐって、いわゆる持てる国と持たざる国とが国運を賭しての世界戦争に突入したのである。結果は正に、自由と民主主義を奉ずる持てる国の完勝に終わり、二十世紀前半の歴史は終わった。この歴史は誰が見ても戦争の歴史であり、これにとどめを刺したのが、広島と長崎への原爆投下であった。

一九四五年を境にして世界大戦の歴史は終わり、第三次大戦の可能性はなくなったといってもよいが、九一年のソ連崩壊までは、米ソ二大勢力が、軍事力と経済力を競いながら不気味な対立、冷たい戦争を延々と続けた。

我が国は米軍の占領下と保護下にあって、憲法をはじめ、制度、価値観に至るまで一八〇度転換して、日本の歴史上はもとより、世界にも例のないスピードで経済発展を遂げることができた。日本人は、善くも悪くも得意満面で右肩上がりのエターナル・インプルーブメント（永遠の進歩）に酔いしれたのである。政治思想も政治体制も、政党政治もすべてこの枠の中でだけ生き生きと働くことができた。しかし、事態はゆっくりとながら一八〇度転換しつつある。環境、エネルギー、食料の量と質、人口等の制約から、経済大国である日本の人類社会に対する責任が厳しく問われだしたのである。

政治の世界はこれに伴ってどの様に対応し、活動してきたのであろうか。冒頭に述べたように、西欧先進国と同じように日本は完全な民主主義体制国家であり、国の頂点にあって全ての権力を握っているのは選挙によって選ばれた国会議員であり、そこから指名された議員内閣である。従って内閣（行政府）は国会（議員集団）の意向に反して政治を行うことはできないということが建前になっている。こんな事は中学生以上の国民はみんな分かっているわけであるが、ここになかなか分かりにくい「政党」というものがある。

政党は憲法で保障され規制されている特定集団ではないが、実質では立法も行政も、政党を抜きにしては全く理解できない、いわば人間が行動するときに、集団になろうとする自然発生的なものの一つに過ぎないのであるが、事が政治のこととなると、国のあり方、方向を決する最強の権力機関ということになるのである。こうして民主政治はどこの国でも政党政治になっているのである。

戦後の我が国の政治は、軍部とか統帥権とかいうものがなくなった完全に近い政党政治といってよい。果たして政党政治はこれからどうなるのであろうか。

概ね三分の二に近い自民党（保守）と、三分の一以上半分以下の社会党外（革新）という五十五年体制は、九一年のソ連崩壊後間もなく、革新の力を失って衰微、分裂してしまった。そうであれば自民党が一人勝ちするかといえば、そのように事は簡単に運ばなかった。一九七〇年代には創価学会という宗教団体の信者がまず参議院に政党をつくり、次いで衆議院にも進出して公明党という一大勢力にまで成長して今日に及んでいる。日本の政治史上嘗てなかったことである。なぜこういう大きな政党ができたかは実に簡単な理由による。戦後の民主社会では宗教団体に関する関心が十分でなく、憲法の規定も極めて曖昧になっているからである。自民党という巨大政党も元来アメリカ追随の無思想、もしくは金持ち代弁の権力政党であるから、既成の宗教団体には全く無関心無防備であるだけでなく、むしろ色々な宗教団体を利用して選挙の集票マシン化してきた。ところが一般貧乏人で、階級政党である社会党や共産党の支持団体から洩れた中産階級以下の大衆の多くが新興宗教に生きがいと安心を求めて集まった。これに対応し、日本版イスラム教のように創価学会の政治部のような形で出来上がったのが公明党である。こういう駆け込み寺的政党の出現は有害で身の程知らずのオウム真理教のような、とてつもないものが生まれる精神的風土にも通じているといってよいであろう。他にもう一つ、強い信念とドクトリンで鉄の団結を維持しているのが共産党である。公明党と共産党は倶に天を戴かない仇敵であるが、両者には、弱い、捨てられたと思っている人々が拠り所にできる共通の社会的、精神的土壌があると共に、自民党のように日本人の楽観的で場当たり的な国民性から生まれた政党から見れば、本当は度し難い厄介な鬼子的存在に違いない。ただ、公明党は政教一致を表立てると嫌われることをよく知り出したし、共産党も物分かりがよくなって、勢力の維持に神経を使うようになったのも事実である。政党政治の中でこの二つの将来を予想すれば、一時の混乱があって多少の増減はあっても、二大政党の一翼を担う勢力になることがないということが断言できる。要は政治全体がこの二つの政党も含めて安心できる政党になれるか否かを問われているということである。

…………………………………………………………

こう見て来ると、日本人の政治感覚というか嗜好というものが、主義主張を持たない自民党を支えているということがはっきりしてくる。

そのさしもの自民党も、その場当たり主義的本質を揺さぶる直接的な不満勢力の台頭によって、内外から溶解分解を始めた。八〇年代の新自由クラブの反逆は何とか鎮圧して、軟体動物のように飲み込んでしまったが、八〇年代の海部内閣の成立瓦解の過程で、この党がこのままでは日本の将来は危ないという若い政治家がはっきりと叛旗を翻してきた。そこには色々な系譜があり、政策への不満と積極的な提案を携えて、ジャングルのような政治課題に、果敢に挑戦しようとするものであった。それは共産党のようなイデオロギー政党、公明党のような宗教政党とも違い、また古い体質の党内派閥抗争とか、総裁の座の争奪という狭いものではもはや測れない、打倒自民党という華々しいものであった。

前兆はその前の八〇年代に既に現れた。水洩れが激しくなった巨大客船のような自民党の隙間を埋めるように、福祉とか税金とか専門店よろしく一人一党が次々に誕生し、続いて堰を切ったように、芸能、報道界のいわゆるタレント議員が大量に誕生して、政界は一時タレントブームに湧き立った。マスコミや物知り顔の評論家達も、この現象を商売に利用して面白おかしく囃し立てた。肝腎の選挙民（国民）は、選挙を人気投票と勘違いしたのか、タレント候補者に大量の票を与え当選させるまでに至ったのである。

こういう馬鹿々々しい現象は当然起こるべくして起こったことで、原因は政権党の中で巣食ってきた金権腐敗体質と、平成元禄にあぐらをかいた指導力の欠如に外ならない。一方、一緒になってマネーゲームに酔い痴れた財界、金融界の驕り体質も極まったと言うべきであろう。消費は美徳であり、産業廃棄物は野や山を覆い、野生は既に人間のくらしからは見えない所まで遠ざかってしまっていた。日本の官僚は古来、エリートとして行政の中枢を支えて来たが、頼りない政治家を蔑視し、公務員であることを忘れて金権私利に群がり出した。政財官の鉄のトライアングルと言われるこの状況は、あたかも昭和初期の日本が軍部の圧力に屈伏し、軍事国家に傾斜していった歴史のパノラマを再現したようにみえるではないか。

……………………………………

歴史は繰返すといわれるが、戦後を支えた価値観とこの上に乗った保守政府が迷走する中で、平成の大転換は幸いにも、生臭い暗殺やクーデターの争乱を見ることもなく、六〇年安保のような大規模な大衆行動も起こらず、多数派獲得という形で幕を開けた。国民は政治にそっぽを向き、選挙の投票率は下がり、有権者の二〇％足らずの票で当選できる首長も現れて、多数決の民主政治は有名無実となった。政党不信の無党派層は常に半数を超えるようになってしまった。政治改革の志はこの中で果たして可能であろうか。

この中で一気に新党が誕生した。まず日本新党が生まれ、続いて九三年（平成五年）に新党さきがけが誕生した。両者は細川、武村両指導者が「政治改革」という目標で一致しながら行動を共にすることになった。両党の華々しいスタートは、十年前の新自由クラブの旗上げとは比較にならない程の激震を政界に与えることになったということで正に「平成維新」の幕明けともいうべき歴史的大事件と評すべきである。

次いで宮沢内閣崩壊、衆議院解散となり、「改革」の大合唱の下、自民党竹下派から民政党が独立し、続いて、既に進退に窮して衰退の一途を辿っていた社会党が、救いの神とばかり馳せ参ずることとなった。選挙は自民党の惨敗となり、その八月に八党連合の細川政権が成立したという経緯である。このどんでん返し劇はあれよあれよと言う間の二ヶ月間足らずの早業であった。自民党はここで、五十五年体制以来初めての野党の冷や飯を食わされ、社会党は反対に、初めての与党として中核勢力にのし上がることになった。自社両党にとっては全く予想だにしなかった事でもあった。

しかし、予想もできなかったというのは、政権の座に就いた細川与党の側でも同様であり、いや実は一番驚いたのはこちらの方であった。こんな回顧談が武村氏自身の口から出たほどである。そうであればこの政権の短命ぶりは始めから予想されることでもあった。果たせるかな翌九四年四月、細川殿様内閣は、殿ご乱心ということであっさりと桂冠、十ヶ月の短命内閣で終わった。

続いてさきがけと社会党が抜けた羽田少数内閣が二ヶ月で辞職した後、反小沢で結集した村山自社さ連合政権というように、丸一ヶ年で内閣が四代も交替するという迷走ぶりであった。

これから舞台は、無節操でありながらしぶとい自民党の本領発揮劇に移行する。社会党は野党時代には、勇ましい批判をしていれば存在価値があったけれども、自民党政治の跡を継いでみたら、現実は全く予想以上に異質で厳しいものであった。安保条約は容認させられるは、米の輸入自由化は認めさせられるはで、党の方針と違うことを次々と押しつけられる羽目に陥ってしまった。党内は四分五裂の大騒ぎとなり、党内基盤を持たない、トンチャンこと村山総理は九六年（平成八年）一月に、とうとう「わしゃもう疲れた」ということで政権を投げ出してしまった。新党さきがけは反小沢の立場を貫きながら、立党の精神である政治改革の灯を消すまいと、老いた異質の社会党を左手に抱えながら、右手一本で自民党政権に食いついた。橋本内閣は、かくて本望の政権に復帰することができたのである。自社さ連立政権というのは、やがて単独政権を取るまでの「厄介なお荷物」にすぎなかった。自社さ政権時代のさきがけがやり得たことは、さきがけから入閣した菅厚生大臣が薬害エイズ問題で名前を売ったことぐらいで（実はこの秋の政党再編劇のときに若手議員の造反によって、いとど小さいこの党が五名にまで激減する原因の下地になっていたことは、既に予想されるところであった）、腐敗防止をはじめ、さきがけの基本政策はことごとく誤魔化されるに到ったのである。私は後でさきがけのニュースを見てこの経緯を知ることができた。自民党とはこのように、煮ても焼いても食えない妖怪政党なのである。ついでにここ数ヶ月、自由党が連立離脱、合併などと空威張りしているが、所詮は大政党の駄々っ子扱いにされることは誰の目にも明らかであろう。

さて九六年（平成八年）以降、永田町の内乱を制圧して政権を握り、橋本氏の剛に対して小渕氏のなまくら柔に引き継いで余命を保っているのが現状である。（その後、森亜流政権と続く。）

果たしてこの党が次の選挙で過半数を維持できるであろうか。誰が見ても楽観できる情勢ではない。保身術のベテラン自民党はそれをよく知っている。物欲しそうに泣きわめいている自由党をばらばらにして、役に立ちそうな当選者を抱え込み、それでも不足なときは公明党を懐柔し、妥協しても政権を守るに違いない。小渕雑食政権のしぶといウルトラC戦略は見え透いている。そうなれば総選挙後の勢力地図はあまり変わらない。国民は九〇%ぐらい、不景気が怖いから、少しでも上向けばあまり先のことに文句をつけないだろうからである。

鉄の団結を誇る、天下の日和見政党、公明党はこの大勢をとっくに見抜いている。自社さ連合政権で最後に社さが使い捨て同然に放り出されたことを知り尽くしていればこそ、この党の策略は凄味を帯びてくる。何しろ後ろには、壊滅した宗教集団を公称一千万の信徒を持つ国際天理教的大勢力にまでのし上げた創価学会が控えている。

問題は一千年紀の始まりである二十一世紀における日本を、どのようにし、国民に安心と勇気を与える展望を示せるかどうかである。国民は、バブル経済の崩壊の教訓から、世界の中で、今以上の経済的豊かさは望めないことを知りはじめている。その上で、今まで政界、財界、労働界、教育界を牛耳ってきた古い体質にこれ以上頼っていては自分も国も危ないと気付いており、その中で、従来の政党と政治家の人物（質）がいかに軽いものだったかを身をもって体験している。政治不信、無党派、投票率の低下である。結論を言えば、自民党政権がどんなにあがいても二十一世紀を背負う能力がなくなっているということである。その理由は個々の政策論を統括した「国是」の欠如にある。

一、二の政策面を考察してみよう。

一、道楽おやじが作った途方もない財政赤字は、自民党がある限り再建できない。少子高齢化が猛烈に進む中で、こんなバラ撒き福祉予算など組めるはずがない。地盤、カバン、看板で当選する議員は利益誘導と土下座の魂胆を見抜かれてしまっている。

他人を蹴飛ばして個利、党略を得意とし、国民から信を失った政治集団が、世界にさきがけて質実な国家づくり、他人を思いやる純な青少年づくりの教育改革ができるはずがない。

この上に、綻《ほころ》びつつあるアメリカン・グローバリズムの傘の下で自立性を失った日本に否応なく押し寄せてくる環境問題、地域自立問題などのイメージが、この党の頭の中に浮かんでいる徴候はどこにも見当たらない。

二、対外的には、「筆舌に尽くしがたい苦難を与え、今も不幸なくらしを強いている、〔侵略〕について〔贖罪〕を果たしていない」ことが再出発点になる。

事実については議論するまでもなかろうが、日韓併合から日中十五年戦争の誤りがいかに彼地の人民に禍根を残しているかと顧みる〔忖度《そんたく》=他人の心をおしはかる広い心〕の精神を日本人が持てるか否かに、日本が東洋において仲間入りできるかどうかの可能性がかかっている。もし仮に今の経済戦略外交を続けて行けば、十年も経ずして、経済、政治、軍事大国になるであろう中国から軽蔑されて、米中間にはさまれた

〔狐のように狡猾な、エコノミック・リトル・アニマル〕として扱われることは火を見るよりも明らかではないか。現在南北分断されている朝鮮については言うまでもなかろう。

今の自民党政権にこのような歴史観、展望があるとはお世辞にも言えない。アメリカ一辺倒の物乞い外交の裏返しを思えば納得できるであろう。

武村正義氏の環境外交に加えて、私も日中（韓）東アジア文化交流の案を提示したが、これらの提示は、一部の老害政治家が騒ぎ立てる〔自虐外交〕ではなく、日本もよくなり、アジアとも共生し、人類に貢献する最新最強の道なのである。

日本を代表する巨大政党である自民党とその政権に対して、ノーを突きつけているのが野党である。

まず、日本の野党は今、三種類に大別できる。第一は共産党というイデオロギー政党、公明党という宗教政党で、この二つは一点集中の集団性として別枠に考えなければならない。

第二の種類は社民党（旧社会党）であるが、一見正義の味方で貧困に甘んじているようだが、ヨーロッパの社民主義に憧れながら政策に柔軟な時代適応性がなく、日本的政治風土に馴れることもできず、古い支持基盤から抜け出せずに、やがて旧体制革新勢力になる運命にあると思われる。

問題は第三の種類である。この層は反自民の七〇％近い心情的な支持、期待を担っている、対自民の本流であるから、ここを考察してみよう。

結論から言うと、民主党が自民党に対抗して二大政党の一方を担えるか、それとも、再分裂して政界再編の第二段で終わるのか、どちらかと言えば、後者の可能性が大であると断言できる。ひどく乱暴で無責任だと一笑に付す向きもあるだろうが、しっかりした証拠と見通しを持って断定したのである。

民主党を主導するグループは旧さきがけのメンバー、特に菅直人、鳩山由紀夫の両氏とその政策チルドレンであるが、この外に小沢一郎氏と行を共にした旧総理や中堅どころが一緒になって別グループを形成している。もう一つ、議員数で最も多い旧社会党グループは前の二つのグループから随分距離を置いて沈黙（冷遇？）させられているし、旧民社系が居心地よさそうに入り込んでいる。これらのグループは反自民ということでは一致しているけれども、ここのグループまたは議員個人の思想、信条、支持基盤では相容れないところが目立つ。

四派が結集して二年余りの間に、党内外の情勢の変化は目まぐるしく、その都度この党は、若々しさと行動力で今日まで乗り切ってきたが、その共通のスローガンは、「リベラリズム＝資本主義社会を大衆化し、浄化する」であった。そしてこれは民主主義社会の理想型であるとして憧れの的になり、勃興しつつある「市民勢力」の期待を受けて、順風満帆の船出であった。菅代表の時代は、厚生大臣として官僚政治に風穴を開けて、逼塞《ひっそく》感に満ちていた国民の大喝采を受けた余韻が残っていた。菅代表が参議院で内閣首班指名を受けた情景は、嘗て社会党の土井委員長が同様であったように、今でも記憶に新しい。

一年前後の時を経て、この風向きが横風になり、風速も弱まってきた。自民党中心政権が失点を重ねながら挽回補修する間隙を縫って一気に党勢拡大に向かわなければならないのに、支持者層であった「市民」層が弱体化、分裂化、政党離れを急激に進めて、僅か一年前の市民運動イコール民主党とばかりには行かなくなってしまった。連合は幹部の思惑を通り越して、下部単産単組は社民党と奪い合いが潜行していった。人気は下降し、足元はやせて行くということが目に見えてきた。菅代表の威光にも陰りが見え、菅チルドレンも一時の勢いを失ったように見えた。その空気を逸早く察したのが、屈従に耐えて来た第二代代表の鳩山(兄)氏である。鳩山氏の登場によって党の方向はリベラルから右寄りに変えられた。その象徴が「憲法改正論」である。更に、鳩山氏は二大政党の一角を占めるべく、自民党すら二の足を踏んでいた公明党抱き込みにまで手を伸ばしたが、所詮若き坊ちゃんの掌中に踊るには、公明党ははるかに強《したた》かであった。結局、支持率が上がらない自自公政権の失政を突くことも儘ならず、党の支持率も自民党にお付合いしている状態で、元気のいい若手政策マンに大した活躍の場を与えられないでいる。まことに惜しい、リーダーシップの欠如という外はない。討幕の薩長連合どころか、各個撃破される危険性すらある。豊富な鳩山政界財閥の資金もどこまで続くだろうか。弟の邦夫氏は既に叛旗を翻した。今年の総選挙でも候補者を目いっぱい立てたけれども、前回よりも玉石混淆で、結果は三十九名の増加という中途半端な結果に終わっている。

私らしい下司の勘ぐりではないが「あわてる乞食は貰いが少ない」という庶民哲学のことも思い出してもらいたい。

こうして永田町政界は「全国民的混迷」を正面から指導する政党が現れることもなく、より一層喧騒に包まれながら溶解の方向に進むだろう。日本再生の暁は何時来るのか、しかし、そう遠いことではない。

第二節　政治家の数と質

小渕政権が成立して以来、この政権は今までの保守本流では理解できないことが多すぎる。〔無能〕〔鈍牛〕〔真空〕といわれて、政界は勿論、マスコミの隅々からまで総スカンを喰った小渕流が、僅か一年余りで、景気回復と称して八十兆円の借金を増やし、古い公共事業まで面倒を見、福祉、介護、沖縄をはじめ、教育基本法の改正にまで手を拡げ、押し通してきた。

野党の反対で議案が通らないと見るや、筋も見栄もかなぐり捨てて、駄々っ子にまで成り下がった小沢自由党を宥《なだ》めすかして抱き込み、公明党とも〔騙し合い連合〕を組んだ。何でも呑み込んで無原則でばたばたと始末して行くこの手法は勿論、政界評論家、ジャーナリスト、野党が挙げて非難反対するところであって、お蔭で内閣の世論支持率も五〇％を超えることは殆どなく、すこぶる評判が悪い。この首相のキャラクターはこんなものだろうか。どうもそればかりではなさそうである。総裁選で小渕氏を色々な面から攻め立てた加藤紘一氏には、人事で厳しいしっぺ返しをして顔色も変えない。沖縄の基地移転問題のさわがしい最中に、サミットの会場を決めたり、一千億円の特別振興費を簡単に約束したりする。この人の身の振り方はどう考えても従来の強かさの論理では理解を越えてしまう。これ以上は言えないけれども、この人は鈍牛なのか、我慢強いワンマンなのか、呆れると同時に不気味さと凄みさえ感じさせられる。（森政権は小渕氏急死を受けた〝低級な尻ぬぐい役に狂奔〟しているにすぎない。）

大切なことは、今の混迷の時代に、この指導者の人柄が色濃く投影されている今の政治が、混乱を増す方向に行くのか、再生の一里塚として評価してよいのかということである。小渕氏の出現は近頃の保守政治家の器を考え、政治というものが国家社会に与える影響の大きさを考察する為の希有の見本を示していることは間違いなかろう。

このほかに今日立っている政治家は多いが、そこまで踏み込む余裕もないしまた、それが筋ではないので、本題の〔政治家の質〕の問題に帰ろう。

過日、元さきがけ所属の代議士である、井出正一氏から、九九年七月発行〔三省堂〕の『終《つい》の棲家』という著書を頂いた。この書の欄外帯封に、自民党代議士田中真紀子氏の井出氏論〔讃辞〕が副えられている。「緑の草原を駆け抜ける駿馬と若武者を想起させる〔さきがけ〕に命を吹き込むためには、命名者たる井出正一元厚生大臣の再起が必須である、と考えるのは私一人ではあるまい。……」

井出氏は今時の政治家には珍しく、満身創痍の小党である〔さきがけ〕に止まって、再建に全ての政治精力を注いだ人である。尊父は文人政治家として有名な井出一太郎氏でその政治姿勢は、チェコの再生の父であるハベル大統領に比すべき人であると共に、日本的、余りにも日本的古武士の風格を持った人でもある。父子二代に亘って中央政界で、政治家の本質を明らかにし、清風を吹き込んだ系譜を持つ。

『終の棲家』から学んだことは多くあるが、ここでは〔政治家の人物論〕について、ほんの一部を借りながら考えて見よう。新党さきがけ結成に際して厳父一太郎氏が寄せた七首のうち二首、

「平成の下級の武士らきわまるも　腹切る思いな忘れそ」

「政争の汚泥浴びるもさきがけの　友らさやけくいさぎよくあれ」

随想の中から

「権力の周辺に腐臭ただよわす　老いさらばえし魍魎《もうりょう》よ去れ」

更に〔あとがき〕の中に、福沢諭吉が尾崎行雄に贈った言葉を、井出流に現代文訳したもの

「政治家になって産をなすことなど不可能だ。その志のある者だけが政治家になれ」

政権政党に属していて高い位置まで登りつめた政治家がほとんど無財産から億単位の邸宅を東京に構え、未だに選挙に奔走している。大小高低にかかわらず与党にいることは、名誉も富もすべての旨味を手に入れられるというのが、政治家の常識ではなかったのか。

小渕政権が今までになかった、変革を先取りしている不気味な内閣だといったが、根本的な問題を避けているのか、あるいは気付いていないことが、「政治家自身の改革」である。経済改革は緊急の課題であるが、それ以前に「政治家の精神改革」が必要である。そして小渕政権は最後までこの改革を素通りしてしまうであろう。ということはこの内閣が無くならない限りは、政治の再生は望めないということである。（森政権はこの課題をより鮮明にする役割を持つ。）この解答は第二部の政治建設の章に述べているが、これを目指す政治家の為に三つの言葉を贈っておく。

・金も要らぬ、名も要らぬ、命も要らぬ者ほど始末の悪い者はいない。この始末の悪い者でなければ、倶に天下の大事を語ることは出来ない。

・世の常か、栄か、非ず、名か、非ず、黄金か、非ず、我が党の尊ぶところ、何かそも志

・世界がぜんたい幸福にならないうちは、個人の幸福はありえない。

金と特権という自分本位で今の地位を得た政治家は、国家国民のために速やかに去ってもらいたい。豊満と地位にあぐらをかいている〔老害政治家〕はもう要らない。

清潔で、有能な、志ある政治家を選ぶのは選挙しかない。よい候補者と、それを見分ける選挙民こそ次代の日本をよくすることができる。今の選挙制度の下で、少しでも政治の質を高める為には、多すぎる不良政治家の数を減らし、旧来の政党の枠を超えて、「志を持ち、正しい思想を共有し、有能な、少数の指導者群」が結集して、国家国民百年の計を樹てて、速やかに次に続く指導者に引き継ぐこと以外にはない。

私のような願望を持っている人は政界の内外に数多くいると思う。しかし、今でもすぐに着手するということは、困難を極める大事業であることは十分承知のうえである。それでも、この道を進まなければ明日の日本に希望はない。

第二章　政治改革の王道を行く

前章では、政党の違いが小さくなっている現在の政界では「国会議員の数を減らし、質を向上させること」が政治改革の為の最大の要素であることを説いた。（理想的な方法は第二部第三章で述べた選挙制度を作ることである。）

それでは、今ある政党と政治家の中で、どの政党がどんな政治家が理想に近いのか、果たして見付けることができるのか。私はその為に七つの要素をあげた。

一、私利私欲や我執への誘惑を乗り越えて専ら国民の幸せの為に働いて来たし、今もまたまたその「志」を枉《ま》げずに奮闘しているか。……〔志〕

二、今の政治が抜本的変革を必要としていることを認識し、それを成し遂げる為の「人類史的思想（理念）を持っているか。……〔思想〕

三、先見性につながる「現実政策」を掲げているか。……〔現実政策〕

四、大変革を遂行できる、良き「指導者」がいるか。……〔指導者〕

五、少数であっても、国民の隅々に渉《わた》ってこの政党と指導者に心から「賛同」し、成功を願っている確証があるか。……〔国民の賛同〕

六、〔志〕ある政治家が、政党の枠を超えて〔参集〕する可能性があるか。
……〔政治家の参集〕

七、確実に「少数から多数」へ前進して、国政をリードできる見込みがあるか。
……〔多数派へ〕

政党と政治家を判断し、評価し、力を尽くすために私は概ね右のような原則を立てた。このことは、この書が単に理屈、原則論を放言する為のものではなく、私自身を含めた政治活動への宣言なのである。サイコロはふられた。ここで少々横道に外れて、一庶民の私事に触れることを許してもらいたい。

私は、旧制大学から学徒出陣で召集され、二十八歳でシベリア抑留から引揚げた。それ以降は、定職といえるものが工員と教員で合計十数年、小さい商事会社を創立経営して十数年で、残る十数年は定職らしい職業にも就かず、学生運動、労働運動、農民農村青年運動などに携わった。行動範囲は宮城県内と東京、それに教員で一年半、八戸市郊外で貧しいが充実した生活を送った。海外に出掛けたのは、今から四十五年前、アメリカのＭＲＡ（道徳再武装運動）に無料で招待されて約五十日間、西部と東北部をまわった一回きりで、外国語（英語）は軍隊に召集されて以来今日まで無縁に等しい。もっとも今は漢字も固有名詞も忘れる程呆けてしまった。ただ定職にあっても商売をしていても、心を離れなかったのが、「人間、社会、政治」ということであった。また、とっくに身も心も汚れているくせに、学生時代からの青臭いロマンチシズムみたいなもの、あるいは、人恋しさというものを引きずってきたように思っている。何処を歩いても金と地位に恵まれなかったし、痩せ我慢を誤魔化してきたという、高度経済成長期の中の下層生活者であり、変わり者であったといえるであろう。もっとも今は多くの善意に支えられて少しは角が取れ、老いさらばえているが。

経験によれば、田舎では政治に関わるということは、即議員か首長になる為に世間を騒がすものと受け取られたものだが、三十代の頃に、教員らしからぬ言動が目立った故か、金を呉れるから県会に立候補しないかと誘われたこともあったが、もちろん断った。こうした迷いと失敗を繰り返した後に、真当な人なら功成り名遂げて幸せな余生を迎える時期の六十歳を過ぎてから、私はようやく色々なしがらみから逃れて、小さい農村に辿りつき、自営青年を中核にした、いわゆる故郷づくり運動に専念できるようになった。

事実、六十四歳になってから(昭和六十年)、故郷づくり運動に、それまでの人生の一切を傾注し、善くも悪しくも、成功も失敗もここに賭け、今まで出来なかったことをここで何かの形でまとめようと決意した。眠れない夜が続き、ストレス性の胃炎で入院も経験した。いわゆる〔燃え尽き症候群〕である。前記の政治活動と重なるが、九六年(平成八年)に、「共生」という言葉と、これの内容である「理念」というものが、私が過去に歩き、憧れて来た全てを包括する思想であると思い当たった。これを機に、二年間の模索の末にでき上がったのが前著の「日本再生への序論」である。この本は私なりに苦労はしたけれども、悲しいかな、意気込みの割に稚拙で、未整理な観念論が多く、顧みて冷汗物であった。ある地元の出版元から「これは二十二世紀のベストセラーですね」と皮肉られたのも宜《むべ》なるかな、その前に出した「ラーゲル」が何とか市販できたのに比べても、とても出版できる代物ではなかった。救いは巻末の阿部氏、大内氏、萩野氏の身に余る評価文で、結局「共生文化研究所」の自費出版ということになり、手許には未だ二百冊以上を残している。

この本が未熟だからといって私は「共生」の思想を捨てたのではない。反対に、この思想が二十一世紀の人類と日本を救う【価値観＝思想】であるという思いと自信が愈々固まっていった。同時にこの思想が単に観念の世界に止まっては意味がないから、具体的な理想社会体制を描いてみた。第二部の共同国家論である。

しかし、それでも現実の社会、迷っている日本の方向を具体的に再構築していくにはどうしたらよいか、最も総括的な方法は何か、と考えたのが、やはり「政治」であった。

話は三段論法式になったが、私の過去三年余りの模索と仕事は、思想活動としての「共生文化研究所」と共に、諦めていた今の政治家、政界の中で、もう一度望みを託す方向に強く傾斜していった。

この政治集団は当時の「新党さきがけ」であり、代表の武村氏が出版した『小さくともキラリと光る国日本』という一冊の本がその後二年間の私の生き甲斐を奮い立たせたと言っても過言ではない。

長々と私事を曝け出して恐縮であるが、やはりこの様な事情から、私が小さい政党（現在は国会議員が僅か二人で、【さきがけ】と改名。この本の出版前の6月総選挙では武村氏をはじめ残る二人とも落選し、その後中村敦夫衆議院議員が代表を引き継いだ。）に、日本再生への道を見つけたことに対して同感を頂けるのではないかと思うからである。それでは、さきがけが何故共生に最も近いのか、そして日本国民の与望を担って政界の再編、政治の変革が出来るのかについて、縦横上下あらゆる方面から検討して、心ある世論に問いかけたいと思う。

① 今までの「新党さきがけ」

新党さきがけは平成五年に自民党の武村正義氏を中心とする十人の若手議員が自民党を脱

党して結成された若い政党である。政権党を割って出たのは嘗ての新自由クラブについで二回目であるが、新自由クラブが数年を経ずに復党吸収されたのとは全く反対に、その後の〔政界ビッグバン〕の烽火になったということは、戦後の政治史上画期的な事であった。その後の経緯は編年的に並べるまでもなく、栄光と希望の時代を経て、今日の状態にまで勢力を縮小してしまった。しかし、政治改革の勢いは保守革新の垣根を越えて、現在の民主党という形にまで成長している。

果たしてさきがけはこのままで消滅するのであろうか。そして民主党が改革の志を継いで二大政党の一角を占め、政権交替にまで辿りつくことができるだろうか。私はその何れも当たらないと断言できる根拠を持っている。民主党のことはともかく、さきがけの今後については、蛤御門の戦いに敗れた長州藩が後に薩長連合を成立させて大政奉還を勝ち取った故事を連想させる。さきがけは不死鳥のように甦り、遠からず日本再生の先陣となるであろう。その前兆は既に、さきがけ自身の姿からと、日本人に潜在する希望へのエネルギーからはっきりと読み取ることができる。では何故、新党さきがけは一気に駆け上り、一気に奈落の底に落ちたのか。

それは今にしてみれば、永田町のコップの外から観察した素人目によく映っていることである。〔ローマは一日にして成らず〕であり、庶民の諺でいえば〔あわてる乞食は貰いが少ない」という一語に尽きる。このことは今、崖っぷちに立っている「民主党」にも言える。国民与論が熟していないのに、永田町内で正義と改革を唱えているうちに、党内の各派、個人の確執が先立ち、保守の術中にはまることは目に見えている。果たして私の予測がその通りになるのか、再び政界に混迷が訪れるのかは、近い年月の中に結果がはっきりする。再建の本番は《数年の時間を要し、国民の絶望と希望の中》に訪れるであろう。

…………………………………………………………

その時がさきがけ的政党の出番であり、過去の成功と失敗を総括し、深い根を培う「新生さきがけ」の姿であろう。政策論は次の項にゆずるが、前にあげた政治家の必須七ヶ条を備えこれを政界に敷衍《ふえん》する同志集団は、さきがけを措いて他にないからである。

武村氏が新党さきがけを旗揚げしたときに、優れた若い政治家が参集した。そしてこの党が閉塞した日本の政治に巨大な衝撃を与え、政界再編の起爆剤の役割を果たすことができた。その原因は何だったのか。彼が九六年に発表した『小さくともキラリと光る国日本』に余すところなく述べられている。この前後には大前研一氏の平成維新とか小沢一郎氏の日本改造計画の論文が相次いで発表されたのにかかわらず、武村氏の書に魅せられた読者の心情は、彼のいう「青さ」であり、「理想を求める志」への共感であった。一般大衆にとっては、この青さが、専門的で複雑難解な「政策論」を超えて、大衆自身の目線に一致したものであった。

その前年に出版した武村氏と盟友田中秀征氏の対談、「さきがけの志」においても、両者が志を同じくする盟友であることを余すところなく伝えている。それではこのような立派な政党が打上げ花火のようにしぼんでしまったのは、重ねて言う必要もないが、少し掘り下げてみると、ここには人間であれば誰でも陥り易い「現実と理想のギャップ」があり、永田町に住む深淵の魔性に敗れたということであろう。青き理想も、泥にまみれても尚、厳として青くなければならない。それを支えるものは、万人が納得し、未来を明るくする、雄大な思想(政治的ビジョン)と、青雲の志を持つ政治家を真に結集することの可能な、徹底した政治活動であろう。さきがけは栄光の座から降りて既に二年を経過した。そして真の戦いはこれから始まる。少数精鋭の中で充電したエネルギーは誠に貴重である。

② 新生さきがけに託す

私の身も心も含めて、〔さきがけは生まれ変わった〕。それは〔消滅でもない、過去の継続でもない〕、「生まれ変わった」のである。

どこが変わらないのか、どこを変えて行くのか。

不変なものは何か。

一、〔志〕である。武村氏は彼の著書の中でも、対談の中でも、いたる所で〔志〕と言っている。時には〔理想〕と言ったり、あるときは〔政治は生まれ変わるべきである〕と言ったり、表現は時と場所に応じて使い分けているが、この言葉は、行動を伴い、常に自分を励ます心がなければ出て来るものではない。今時の実利主義的な風潮の中で、しかも一流の政治的指導者を自負する人々には、とても気恥ずかしくて使えない言葉ではないのか。そう思われる程彼は「青臭い」のである。浪漫派の文学者になっても成功しただろうと思われる程夢多い政治家なのである。彼にとって〔政治的野望〕とは、何のてらいもなくロマンであり「志」の表れなのである。ムーミンというあだ名は彼の風貌と一致した、民衆の総合評価なのである。五年前の新党さきがけ結成のときも、時の勢いに後押しされたということもあったろうが、青い俊秀達を惹きつけたのがこの党の志ではなかろうか。僅か十名の少数のクーデターによって、政界ビッグバンのきっかけを作った内的要因は、金も、名も、今までの地位も顧みない志の見事な結集であり、惰性に流れた永田町の巨城の中に光り輝いた変革の烽火であった。

ただ、志は必ず試練に直面し、これをねじ曲げ、忘れさせる安易さに曝される。真の志とは、いうまでもなく、驕らず、貪らず、くじけずに貫き通すものである。幸いに、さきがけの志という対談集の中で田中秀征氏が「武村さんは、どんな困難があってもくじけない頑固な人である」と評している。彼の感性の鋭さも、高い知性もさることながら、何よりも陽明学の泰斗である中江藤樹に私淑し、宮沢賢治の生涯に憧れ、雑草の中から這い上がった不屈の航跡は、彼の野望、即ち志の強さを裏付けているといえよう。私は身の程知らずにも、宮沢賢治を「共生の申し子」と断定し、共生の世界の一員と見立てながら、彼を「泥にまみれた政治の世界」に引きずり込むべく、思索の〝鈍刀〟を磨いているところである。

新生さきがけは、全議員が二名からの再出発であるが、(平成十二年九月現在は一名になった)熱い志を持つ錚々たる同志の指導者と予備軍の若い人材を持っている。そして何よりも、「青い」と言われる基本政策を掲げたこの志を慕い、再起を熱望する民衆の声が、日本の津々浦々にまで沁みていることを決して忘れてはならない。再び『終の棲家』井出正一氏から引用することをゆるしてもらいたい。九七年の参議院選挙に敗れた十月の『通販生活』特大号の表紙を飾ったのは「解党なんかしないでください」という悲痛な文字であった。それは「わが国で初めて【環境】を政党のテーマに据えた〔さきがけ〕は、ご覧のように惨敗してしまった。もちろん比例区の当選議員はゼロだった。他の党も環境を公約の一つにあげていたが、しょせんはワン・オブ・ゼム(の中の一部)だった。〔すべての政策を〝環境の視点〟から見直します〕という〔さきがけ〕の姿勢とは程遠いものであった。まだまだ票につながらない環境をあえて新・立党精神に据えたさきがけの勇気(志)に拍手を送りたい。〔七十八万人だったから解党しようよ」なんて、あきらめないでください。……（　）は筆者の挿入」というものであった。全く党と無縁のところで話題とされているのだ。

井出氏は七十八万票で当選できなかった本人である。井出氏は九八年十月の、「新しい旅立ちの集い」に際して、代表の武村正義氏の決意表明を紹介している。「夢を持って出発したが、（縮小という）残念な結果になってしまった。しかし、政治の流れの中で、連立政権時代を開くなど一定の役割は果たした。〔さきがけの理念、政策への信念はいささかも変わっていない。共通した志をもって〕、政治的友情を大事にしながらともに飛び立とう」

二十世紀のアジア、アフリカに共生の灯をともしたのは、インド独立の父、マハトマ・ガンジーの「不服従、無抵抗主義」であり、この世紀の中で南アフリカのマンデラは不屈の志をもって人種差別の鉄壁を打ち破り、シンガポールのリー・クアンユーは東西のかけ橋、東洋の真珠国を作り上げた。二十一世紀に遺された課題の、日本というこの国を〔世界の道義国家に再生する〕役割を担う政治は、誰が打立てるのか、その方向は明らかであろう。

二、は、思想の確立であり、国民と共に希望と勇気を共有できる政策の柱である。

さきがけは立党以来、五項目の理念と環境主義をはじめとする政策大綱を明らかにし、時勢の推移を見ながら多くの課題を解決するために貢献して来た。この成果の上に立ってこれを一つにまとめて基本政策とし、日本のめざすべき方向を示して「前文」とすることを提案したい。失礼を顧みずに敢えて言うならば、今までの理念と基本政策はやや網羅的で、現在の民主党のそれと平面的に取り扱われる曖昧さが残ると思うからである。

理念も基本政策も、いわば国家の憲法にも当たる程内容は深いものであるが、同時に、私達庶民にも分かりやすく、簡潔で、国民一人一人に夢と希望を与えるものでなければならないと思うからである。

私は、無責任という誹《そし》りを覚悟の上で、粗雑な私案を提したいと思う。

基本政策（基本綱領）

前　文

さきがけは、二十世紀の人類と日本の辿った歴史を深く省みて、実り多い成果を評価すると共に、率直に誤りを正すことから出発した。

さきがけは、二十一世紀を迎えるに当たって、国民が均しく、真に生きる悦びを享受すると共に、全人類の幸せの為に、「質実民権国家日本」を建設する。

一、環境立国

生産、消費をはじめ、全ての生活に環境を優先し、世界にさきがける環境立国をめざす。

二、質実民権国家

国民の総意と総参加を結集して、質実な生活の中に幸福を見出せる社会国家をめざす。

三、まほろば連邦国家

ここに生まれ、育ち、生を終える「まほろば」こそ国家、社会の原点である。この基礎の上に立つ連邦国家を構築する。

四、憲法の尊重と創憲

日本国憲法は我が国の平和と発展の為に大きな役割を果たして来た。今後ともこの事実を尊重すると共に、時代の進展に鑑みて、よりよい憲法を創建する為の努力を惜しまない。

五、平和共生外交

二十一世紀の平和外交は、超大国の庇護の下で、一国平和主義に安住することなく、巨大な経済力を有効に活用して、先進諸国と相携え、世界全体の平和と幸福に貢献することにある。

その為にまず、過去の歴史的教訓を直視して、アジア各国の自立と共生の為に最大の寄与をする

以上五つの柱は、さきがけ立党の哲学になった武村代表の理念と、実現すべき政策の基本を余すところなく表現しているものと考える。政治改革も福祉も、平和外交も全て基本政策の大きな裾野に包含されるであろう。

もっとも、いやしくも天下の公党に向かって、無責任で無名無能の棄老者が注文をつけた非礼については、全身をもって責を負うつもりである。要は〝新生さきがけ〟がさきがけの為にあるのではなく、日本再生の為にさきがけとなるべきだという、批判と願望を表明したものである。

三、は、当面の政策と政略について

遅々として進まないペンも、最後に、本当に低級で素人臭い〈下衆の勘ぐり論〉に入る。これからの記述が、私の「共生、共同理論」を一気に泥まみれにし、狭い政党論と個人への偏ったヒロイズム礼讃になり、ひいきのひき倒しに堕するかも知れないし、片やさきがけやその同志の人達にとっては迷惑至極な干渉になるかも知れない。従って、このリポートが公に出来るかどうかについては、前例もなく、可能性については全く不明である。序文があって結びのないこのリポートは、第三部によって、行動の書であることを露わにしている。

……………………………………………………………

世紀末の混乱と戦後政治の崩壊過程を経て、二〇〇〇年初頭は、いよいよ〈日本再建〉のための初動期に入ったと見るべきである。しかし、建設の中核となるべき政治勢力は、指導層（政治家）にも、一般大衆（有権者）のどこにも、はっきりと見えていない。いや、目を凝らせば今じっくりと大地に根を下ろしている「小さい勢力」がある。回天の大事業は、ミレニアムの初頭になって具体的なシナリオを描けるようになって来たことをまず認識しておきたい。

まず、来年の参議院選を通してみれば、自民、民主の大政党は保守とリベラルの二極分化に収束される余裕もなく、政党の垣根を超えて議員諸氏は右往左往するであろう。もはや政党の締め付けは物心両面にわたって衰弱しているから党首や幹部達のあがきだけが目立つ一年弱であろう。同様に国民（有権者）の側も政治、政党離れは依然深刻であり、これを裏返せば、経済の停滞をはじめ、社会、教育全般にわたって、生活の安定と新しい目標を求める気持ちが益々強くなって来る時期に当たる。

この期間中こそ、今は小さくとも、再生へのさきがけが本格的に始動する絶好の機会である。

・まず衆議院選挙で現有議席を守ることは至上命題であり、また可能である。次の参議院選で前回の敗北を挽回して、更に一名以上の議席を増やさなければならない。その候補者は厳然と存在するので、今から体制づくりにかかるべきである。戦略立案を急がなければならない。

・現議員のうち、志を同じくする無所属及び小政党所属議員と合流合併する。

一年半後には、最少五名の議員集団とする。

政治の転換にさきがける新しい勢力が生まれてから早六年、捲土重来を期する第一世代の指導者群も既に六十歳前後になった。心身共に活躍できるのも、次の次の参議院と総選挙までの八年余りが限界であろう。過去の足らざるを省み、他の誤りをも他山の石として、この期間に建設の礎を固めなければならない。若干の留意点を列記する。

1、高尚に走りすぎて、泥くさい政治の世界で疎外された点がないか。

2、人材発掘が稍平面的にならなかったか。目前の現象で動きやすい。特に団塊の世代は揺れやすい。

3、老若男女を問わず、志の固い、最後まで義を共に出来る人材を「中核」に据える。今時このような人物は暁の星の如く稀少であっても、常に心がければ必ず見付かる。その上で徹底討議し、育成し、結合する。天下取りで夭折する大部分はこの人材を得ないことにある。但し、近頃流行の、気の利きすぎるアダルト・チルドレンとの見分けが大切である。

4、思想、方向で参考になる「先見的知識人」を十人程、知的ブレーンとして委嘱する。

5、議員の秘書団とは別に、最高指導者の息のかかった「有能な」事務局職員をおく。ここに人材を置けるか否かは、議員よりも組織作り、足腰作りに大きな影響がある。事務局を見ただけでその政党の質と力量が分かる。指導者は常住座臥、腹心の職員と通じていなければならない。職員は一人といえども役人や月給取りを置いてはならない。

6、党の中央と地方は厳しい「ピストン方式」でなければならない。つまり、厳しい自立と、隙のない連繫である。特に小さい党においては重点地域を情勢に応じて設定し、蝮《まむし》の如くここを制圧する。

7、政治資金は弾薬糧食である。広汎な賛同を得て、豊富な資金を集める必要がある。

8、日本再生の国民運動を誘導し、これに積極的に参加する。現在は六〇年代安保闘争のような派手なものが期待できないし、不要でもあるが、それに代わる、それ以上の大衆動員が不可欠である。民衆は今や、着火マンを待ち、探している。

9、大政党は今、与野党に別れて国政を論じ、政争に明け暮れている中で、少数者はこの動きを冷静に判断しなければならない。しかし拱手傍観しているのではなく、小政党として、最も大きな問題を最も効率よく処理し、大勢を動かしつつある事実が存在する。一つは九九年夏、さきがけ代表武村氏が提唱した「財政赤字を憂うる会」であり、ここに武村氏をトップに、与野党を越えて、加藤紘一、田中真紀子、鳩山由紀夫、久保亘、伊藤茂各氏の錚々たる実力者を初め、百三十余名の国会議員が参加しているということである。さすがのバラ撒き総理の小渕氏も「次に来るものはこの借金の整理だ」と告白をはじめた。小政党さきがけの「質実社会」を目指して、国民と苦楽を共にする基本政策（理念）の壮大な展開ではなかろうか。

第二は新党さきがけ以来、地味に継続してきた「中国の砂漠を緑化する活動」は、既に五年前に、砂漠の父といわれる遠山正瑛先生と武村氏の出会い以来、党をあげてのボランティア活動として定着してきた。そして九九年には、さきがけ塾出身者、党員九十六名の外に超党派の議員十名も参加したという。この年の活動は中国の最高指導部を動かして、中国からも多くの男女が加わって「日中ボランティア団体」となり、北京の人民大会堂で「誓師大会」が開かれ、「母なる大河をまもる――緑色希望工程」を誓い合ったという。尚参加者と並んで、李鵬前首相と武村氏が誇らしげに写真に収まっている。この二人の会談によって、日中友好の緑化植林基金を作ることとなり、我が国では早速超党派の議員が五十六人参加し、基金を積み立てているという。正にこの小さい政党の巨大な事業であり、環境立国と日中友好の実績に外ならない。十の理論よりも一つの実行、成果の見本である。……残念ながらこの活動を地方の組織に呼びかける声は余りにも小さい。呼びかければこの何倍の人々が喜んで参加することは疑いない。足腰を強めることが課題だ。……

10、以上の二つの活動を通して、心ある国会議員は、国の有るべき姿と、政治の果たすべき役割について理解し、共鳴することになるであろう。このような活動の方向と、このような活動のできる政党は外にないからである。永田町は決して閉ざされた〝村〟

ではない。良識と志の生きる場であることを心して呼びかけてもらいたい。

11、小さな政党といえども、地方組織（選挙地盤）がある。二大政党指向型の小選挙区制の下では、国政に代表を出すことはむつかしくなって来ており、勢い個人毎の勢力に依存せざるを得ない。これでは小政党は座して消滅を待つより外にはないのか。幸い、ここにこの窮状を打破する潜在力を備えた政党がある。これが新生さきがけである。

そのちからの源泉は第一に、前項で紹介したような「環境主義のような根源的な主張を掲げていること」であり、またその理念、基本政策が民衆の要望に合致していることである。小政党には資金も組織もないけれども、この先見性とひたむきな行動が、普通の人々の心を捉えているという現実から目を背けてはならない。このことは正に時代の要請であり、民衆にとっては、小さくとも「暗夜の灯」なのである。第二はこの党の指導者及び指導者群が、清廉で有能であり日本再生の為に身を挺する志を持っていることを、民衆が知りつつあり、この勢力の伸長を待ち焦がれていることである。更にこの上に志を同じくしながら力不足のために地方政界で故郷づくりに献身している俊英と合体することが急務である。

このように批判し提言し、広言するのは、筆者を初めとして、此の地においても、日本再生の思いと底力においては他に劣らないと思っているからである。この志をエネルギーにして、政治に結集できるか否かは、我々の同友とともに、中央指導者たちの決起にかかっている。

※　※　※

エピローグに代えて近代史を繙《ひもと》けば、ヨーロッパ、アメリカの市民革命は、ロシア革命の実験を経て、発祥地での欧州共同体（ＥＣ）づくりが巨歩を進めつつある。二十一世紀の欧州は、あらゆる障害を越えて、共同社会への道を登りつつあるであろう。アジアにおいては、ガンジーを象徴とする独立と社会革命、中国の辛亥革命から社会主義と市場経済の共存統一へと激しく揺れ動いて来た。

我が国では鎌倉幕府の封建体制から、維新革命を経て中央集権体制、民主体制の今日へと歴史を刻んで来た。

そして今は、武力革命、敗戦外圧革命でない、自立した民衆による、思想と行動の転換を成し遂げる関頭にある。これにさきがける先覚的政治集団と、これに呼応する草の根の自立集団が存在することを指摘してエピローグに代える。

久保　悟

二〇〇〇年五月

大胆不敵な挑戦に満ちた著作

大内秀明

おおうち　ひであき
東北大学名誉教授、東北文化学園大学教授、宮城県護憲センター理事長、近著―知識社会の経済学へポスト資本主義社会の構造改革―他多数

「さきがけ」よ、甦えれ――このタイトルに、多くの読者は戸惑いを感ずるにちがいない。著者の熱い思いにもかかわらず、また政界再編の中で政権与党の一角を占めていたにもかかわらず、すでにミニ政党「さきがけ」の存在は、社民党も同じだが、ほぼ姿を消そうとしているからだ。失礼かも知れぬが、本書は政治論として読んでは駄目だ。むしろ、サブタイトルの「日本再生への道」の文明論、ないし思想書として読めば、著者の真情が直に伝わってくる。八〇歳の「老人力」の凄味も迫ってくる。

約二年前になるが、著者は『日本再生への序論』を自費出版して、筆者をふくめ多くの方々に贈られた。それがドラフトなり、寄せられたであろう沢山の意見や批評を加味しながら、本書が今回上梓されることになった。同時併行して、著者は政党としては沈みつつある小政党「さきがけ」に、異様とも思えるほどの熱情を漲らせながら接近した。接近するどころか、

みずから宮城県の代表となって、「さきがけ」蘇生のために勇敢に立ち上がった。

前著『日本再生への序論』でも、第三部融解・建設・革命――政党政治の中から――の最後では、「新党さきがけ」について、「救世的な内容を含んだ政党」「共生による共同社会国家」に近い「唯一の政党」と評価した。今回は外部からではなく、政党メンバーとして主体的実践に身を投じながら、まとめ上げたのが新著『「さきがけ」よ、甦えれ』であることを指摘したい。

以上のような経緯からいって、内容的には新著は旧著の内容と大きく変わってはいない。人間と自然環境との共生を基軸に据えながら、地域主義とくにアジアとの共生、さらに独自の教育改革論を前提にした共同社会国家論まほろば連邦国家論――が展開されている。この共生主義を支えているのは、工業化社会としての近代社会への根源的ともいえる批判であって、筆者が旧著に寄せた感想を今回も再録させて頂くことにしたい。

まことに大胆不敵な挑戦というか、挑発に満ちた著作である。今日の停滞した日本のアカデミズムの世界からは、このような発言は決して出てこない。大衆の中に身を置きながら、長い実践の苦闘の中から生み出されただけに、警世の著として、読者の心を強くうつにちがいないと思う。

不敵な挑発という点では、近代思想としての「民主主義」をくり返し、くり返し批判する。

たんなる批判というより、それはイデオロギー的な弾劾であり排撃とも受けとれる。おそらく著者の戦前からの長い生活体験から、ほとばしり出ているのであろう。

本書が、たとえ民主主義への弾劾だけに終わっていれば、保守反動のアナクロニズムになるだけだ。そうではなく、今日の世界の転換が、近代社会を超えようとしているという、斬新な歴史認識に基づいている。近代社会の思想の根源を民主主義として批判し、それにポストモダンの思想としての「共生思想」を対置する。

著者の久保さんは、仙台の近郊農村の大郷町の農民を集めて、「みどり会」を組織し経営している。環境農業協同のNPOである。オルガナイザーとしてイデオローグとしての活動が、共生思想を説得力のあるものにしている。農業と農村を再生しようという共生思想の意義を、高く評価したい。

もうひとつ、共生思想は西洋の近代思想としての民主主義にも対決する。九七年香港が中国に返還され、アジアの植民地主義が終わりを告げた。「アジアはひとつ」という、地域に根ざした共生思想は、著者の戦前の体験にも根ざしている。二一世紀はアジアの時代だとすれば、次世代に向けての指導者として、多く読者に推したい。

新著には、むろん書き加えられ、書き改められた部分が沢山ある。たとえば共同憲法や政治建設などだが、本書を文明論ないし思想書として評価するなら、第二章で「哲学、宗教と原始のくらしから」において、「宮沢賢治の共生に生きた生涯」が加筆された部分が興味深い。賢治を「共生の子」として、共生思想に結びつける評価は正しいと考える。とくに「農民芸術概論綱要」を高く評価する点も大いに賛成だ。日本の東北の地域から、鋭く近代化=工業化への道を批判し、拒否しようとした賢治の思想は、まさに近代主義批判としての共生思想に通ずるものがある。

そして、労働や生活を芸術に結びつけ、近代社会の機械文明を批判する十九世紀末の「学術工芸」運動、とくにイギリスのW・モリスが賢治に与えた影響にも注目したい。そこから、共生思想と西欧の社会民主主義とのつながりも無視できなくなってくる。近代社会の科学技術（Science & Technology）からポスト工業化の学術工芸（Act & Craft）への転換である。

いまポスト工業化の歴史的転換の中で、イングリッシュ・ガーデニングの流行とW・モリスの思想、それと「共生の子」としての東北の宮沢賢治の「農民芸術」運動の意義を捉えかえしたらどうだろう。共生思想を新しい思想として、社会運動に昇華させるためにも、賢治の社会思想は避けることのできない論点だと考えている。

著者略歴

久保　悟（くぼ　さとり）

1921年宮城県田尻町生まれ。
早稲田大学史学科から、1943年12月学徒出陣で旧満州へ。終戦でソ連抑留、1948年6月舞鶴に復員。高校教員、社会運動を経て、現在〔共生文化研究所〕代表。

「さきがけ」よ　甦えれ　日本再生…〔共生〕…への道

2000年11月1日　初版第1刷発行

著　者　久保《くぼ》　悟《さとり》
発行者　瓜谷綱延
発行所　株式会社 文芸社
〒112-0004　東京都文京区後楽2-23-12
電話　03-3814-1177（代表）
03-3814-2455（営業）
振替　00190-8-728265
印刷所　株式会社 平河工業社

ISBN 4-8355-0746-0 C0095